上海韬奋纪念馆 编

1940

生活書店

会议记录1940－1945

1945

中华书局

图书在版编目(CIP)数据

生活书店会议记录. 1940－1945／上海韬奋纪念馆编. —北京：中华书局,2021.8
(韬奋纪念馆馆藏文献丛书)
ISBN 978－7－101－15287－6

Ⅰ.生… Ⅱ.上… Ⅲ.生活书店－会议资料－1940～1945
Ⅳ.G239.22

中国版本图书馆 CIP 数据核字(2021)第 148445 号

书　　名	生活书店会议记录 1940－1945
编　　者	上海韬奋纪念馆
丛 书 名	韬奋纪念馆馆藏文献丛书
责任编辑	吴艳红
装帧设计	刘　丽
出版发行	中华书局 (北京市丰台区太平桥西里 38 号　100073) http://www.zhbc.com.cn E-mail:zhbc@zhbc.com.cn
印　　刷	北京市白帆印务有限公司
版　　次	2021 年 8 月北京第 1 版 2021 年 8 月北京第 1 次印刷
规　　格	开本/880×1230 毫米　1/16 印张 25　字数 400 千字
印　　数	1－1200 册
国际书号	ISBN 978－7－101－15287－6
定　　价	298.00 元

「韬奋纪念馆馆藏文献」丛书

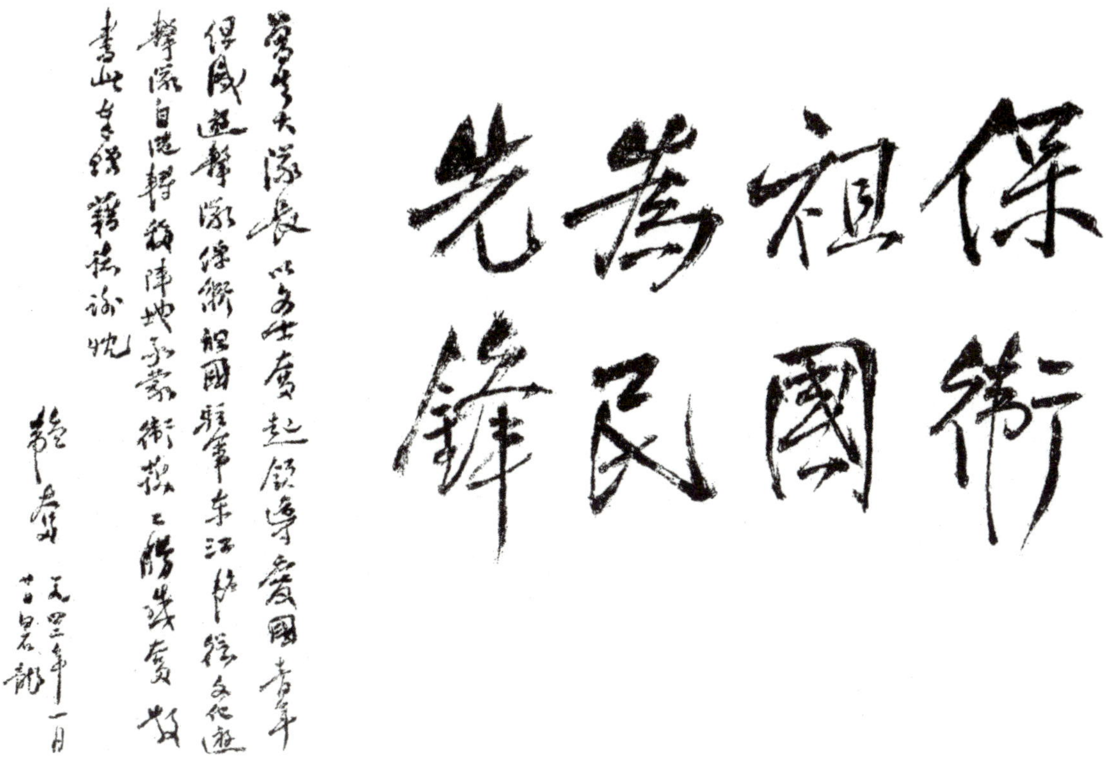

韬奋赠予东江游击队曾生大队长的题词（1942年1月20日）

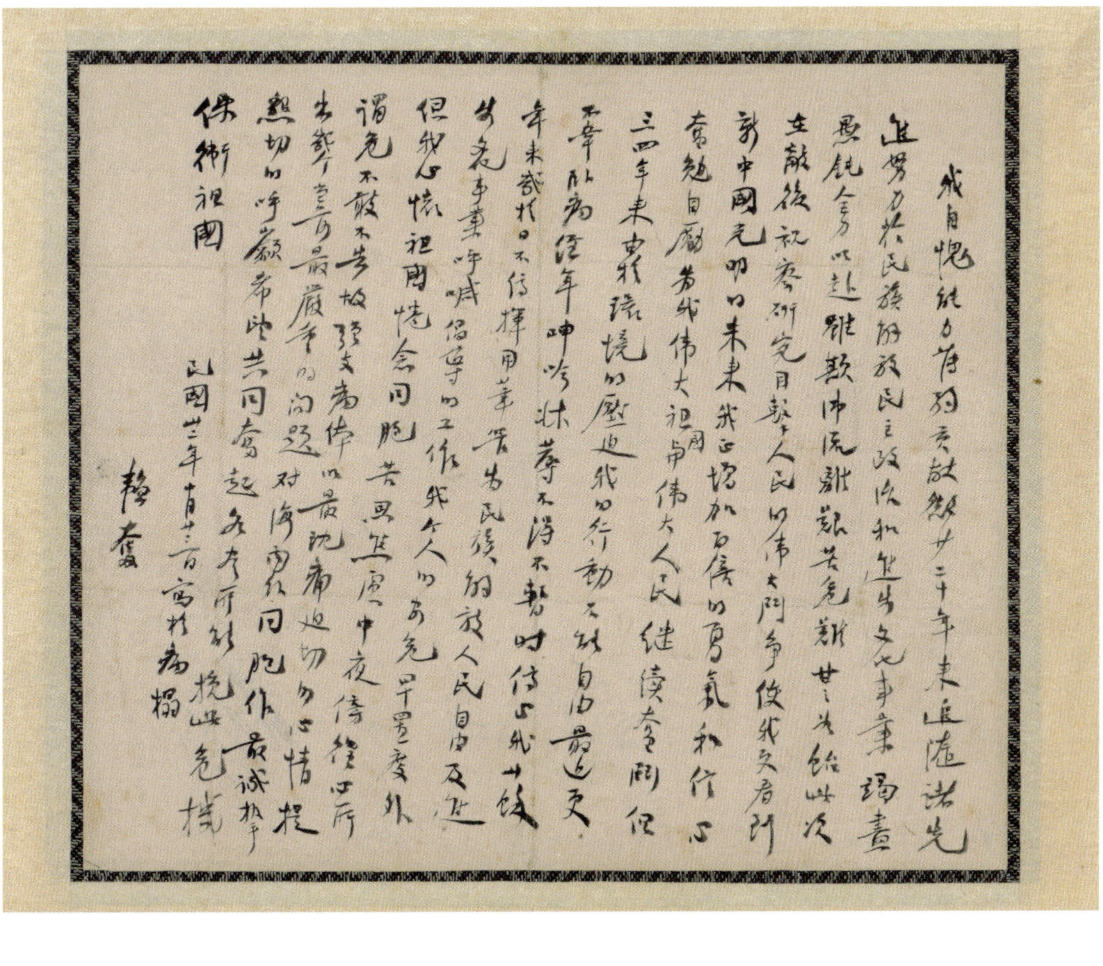

韬奋手书《对国事的呼吁》最后一段（1943年10月23日）

生活书店梅县分店全体同人合影（1940年2月15日。前排左起：林善铨、周幼瑞、吴德迈；后排左起：余生、陈庭煊、杨缵皋）

生活书店吉安支店同仁合影（左起：张又新、许觉民、张明西）

上海兄弟图书公司同人合影（1941年。前排左起：周幼瑞、王泰雷、黄洪年；后排左起：许觉民、陈怀平、王仁甫）

广东连县兄弟图书公司同人合影（1944年。左起：文子冈、董顺华、蒋美方、唐泽霖、沈汇）

《大众生活》香港社址（香港德辅道中雪厂街太子行大楼内）

延安华北书店同人合影（1941年。左起：柳湜、李文、邹贞坚、何穆）

延安华北书店外景（左一：李文；前蹲者：林默涵）

延安华北书店门市部

皖南事变后，生活书店分支店仅剩重庆分店一家未被国民党封闭，渝店同人在店前合影留念（1942年1月3日）

生活书店上海分店（1945年。重庆南路6号）

重庆三联分店周年纪念合影（1946年）

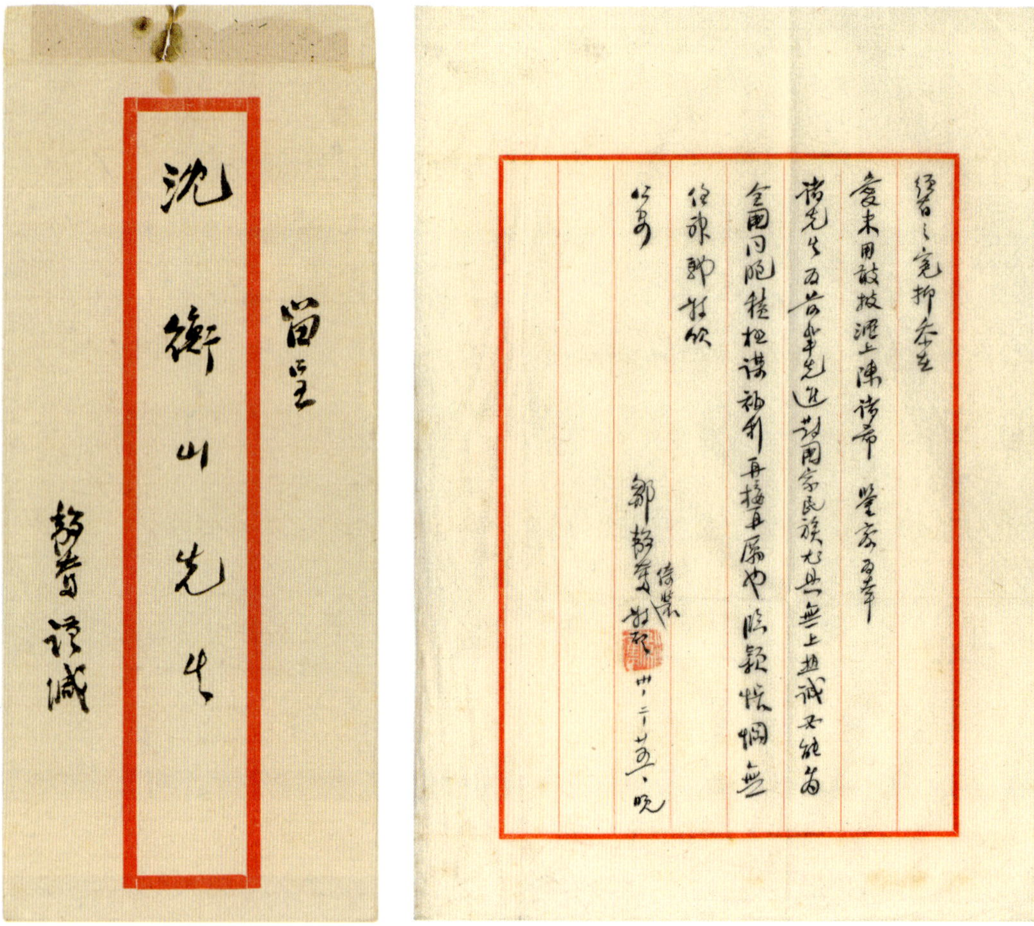

韬奋致沈钧儒函（1941年2月25日）

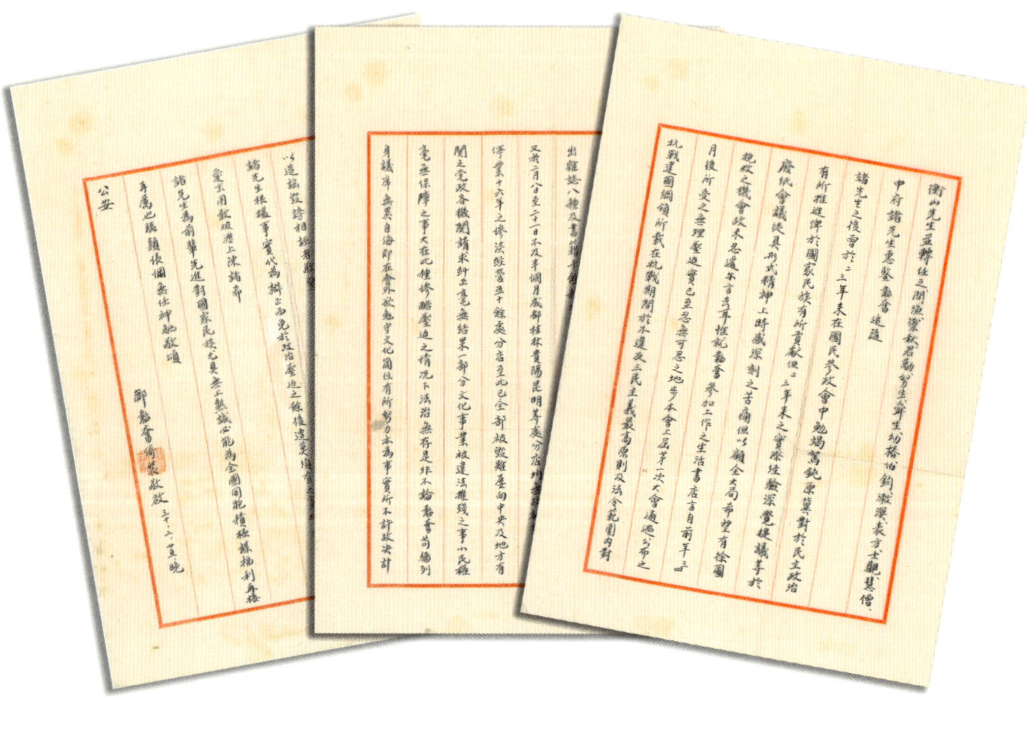

韬奋《致沈钧儒等在野各抗日党派领袖》（1941年2月25日）

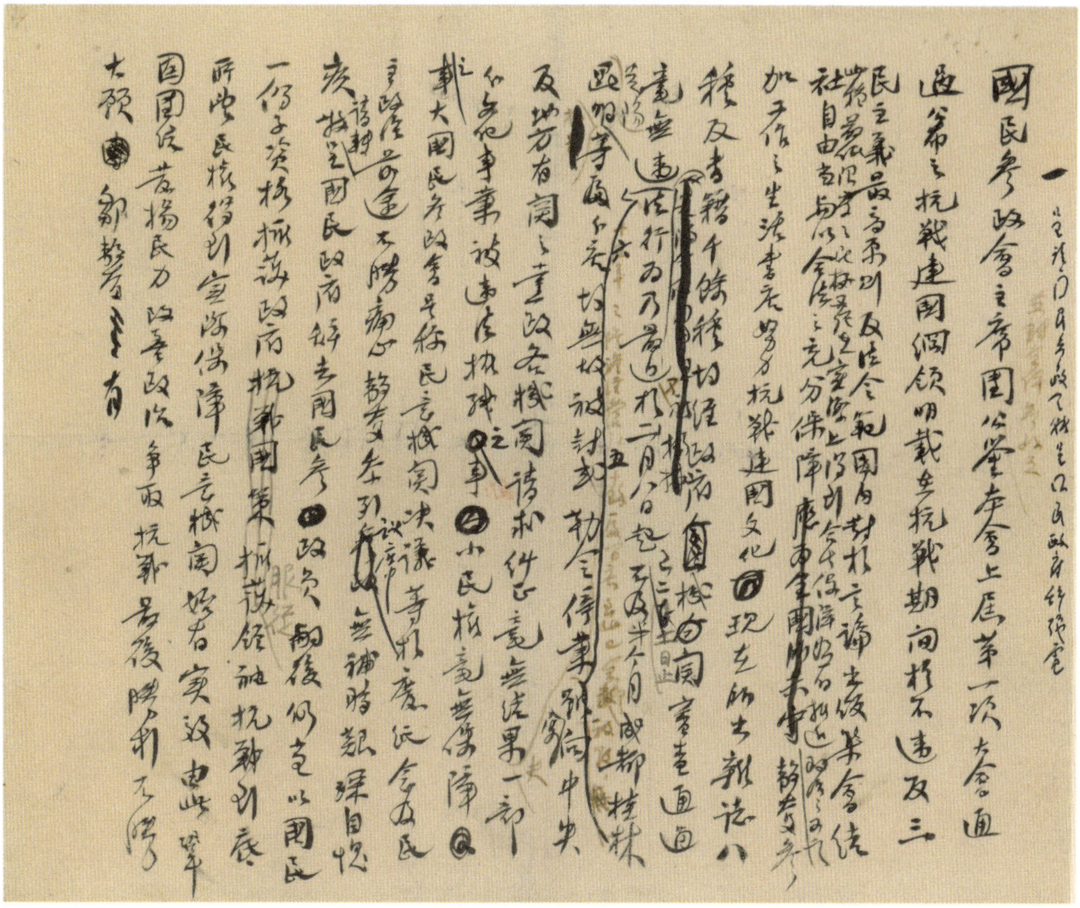

韬奋《呈请国民参政会转呈国民政府辞职电》底稿（1941年2月25日）

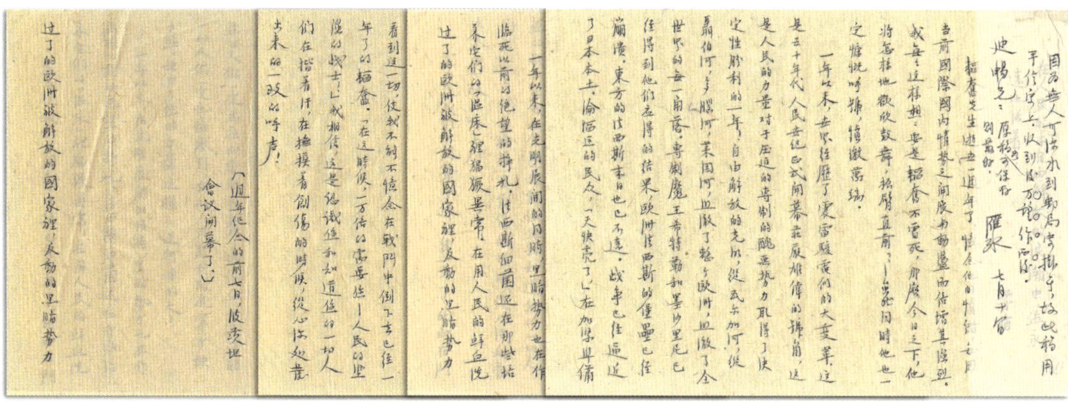

茅盾为韬奋作逝世周年纪念文章（1945年7月）

韬奋先生逝世三周年纪念，曹辛之画韬奋像，沈钧儒题词（1947年）

前言

「生活书店会议记录」是上海韬奋纪念馆馆藏独有的珍稀史料，历经抗日战争、解放战争的炮火，以及国民党的扣押、查抄、封店等迫害，随生活书店同人颠沛流离，能保存下来着实不易。这批档案信息量大、自成体系，且保存相对完整，具有较高的史料价值和研究价值。为了让更多的人了解邹韬奋、徐伯昕、胡愈之、张仲实等领导的生活书店的发展历程，为民族解放、进步文化事业做出的杰出贡献，我馆自2018年启动馆藏文献影印出版计划，未加任何修饰、遮蔽，保留史料原本的面目，已相继推出有关生活书店会议记录的「韬奋纪念馆馆藏文献」丛书三册。

《生活书店会议记录1933—1937》的起止时间为自生活书店在沪创立后第一次社员大会召开起，至抗日战争全面爆发、生活书店总店迁至汉口止。社员大会、理事会、人事委员会、临时委员会等会议记录记载了生活书店初创时期民主管理体制的形成和完善，社务情况及人事变动等事项。《生活书店会议记录1938—1939》的起止时间为自1938年1月3日生活书店总店迁至汉口，至1939年4月28日临时委员会结束，记录了替代理事会、人事委员会、监察委员会三个机构职权的临时委员会，在战争动荡的特殊时期处理社务、业务和人事等情况。《生活书店会议记录1939—1940》的起止时间为自1939年2月24日至1940年5月8日，以第五届渝地社员大会记录为起始，包括第五届理事会、常务理事会、人事委员会、监察委员会、理事会人事会监察委员会联席会议等会议记录。记载了历时近一年、几经修改终于经社员大会通过的、由胡愈之起草的生活书店「大宪章」——生活出版合作社新的社章，选举产生了新一届领导机构，确立了「组织系统大纲」，制定了「促进大众文化、供应抗战需要、发展服务精神」的工作目标。与此同时，会议记录也记载了不断遭受日机轰炸、国民党审查封店带来的摧残和损失，生活书店采取向银行借贷、发行债券、扩充邮购户、增设杂志分销处、流动供应站等应对措施。

生活书店是合作社组织，照章每年开一次社员大会，选举新的领导机构。在不断遭受禁书、封店、捕人的打击下，及时召开大会尤为必要。1940年3月20日，生活出版合作社在重庆举行社员大会，选举第六届领导机构。社员大会结束后，为使海内外读者和关心生活书店的朋友们了解生活书店被诬陷的真相，邹韬奋于3月30日在《全民抗战》周刊上发表了《为生活书店辟谣敬告海内外读者及朋友们书》一文。5月及6月，理事会和人事委员会分别开会，选举邹韬奋、徐伯昕、沈志远、胡愈之、李济安五人为常务理事，邹韬奋为理事会和人事委员会主席，徐伯昕为总经理。面对政治压迫日益严重，随时都可能发生突然事变，为加强领导机构迅速处理事务的能力，理事会、人事委员会、监察委员会联席会议于1940年8月5日决议：责成理、人、监原组织推选代表，组织理、人、监联席会议常务委员会，在联席会议闭会期间执行本店之最高职权。推选邹韬奋、徐伯昕、柳湜、张锡荣、胡耐秋、邵公文、廖庶谦组成常务委员会主持一切工作，之后又加推胡绳和诸祖荣参加常务委员会。

抗战以来出现的生活书店出版高峰，1940年跌入低谷。不仅原稿审查关越来越难过，即使通过了照样被秘密查禁。根据解放后从国民党中央图书杂志审查委员会的档案中获得的材料，1937—1940年生活书店被国民党中央或地方的图书杂志审查委员会明查暗禁的书籍，有目录可稽的达203种，占这个时期生活书店出版物总数的40%。「在抗战后先后广布于各地之五十五个分支店，迄至（民国）廿九年六月，仅剩六个分店。以六与五十五之比，其惨遭摧残之情形，深堪痛心！」（《生活书店横被摧残经过》1941年3月）「皖南事变」后，国民党中央下达了查封生活书店和其他进步书店的密令。「未及半月，被查封与迫令停业者，竟达四个分店。」书刊财产被没收，贵阳分店经理周积涵及全部职工被逮捕。在国民党法西斯专政下，最终只剩重庆分店一家。韬奋和总管理处已难于继续留在重庆，总管理处撤离重庆，迁移香港。生活书店领导中心迁香港后，内地业务除重大事项须向香港总处请示外，余均由留在重庆、桂林、上海三地的同人在共产党的领导下独立经营，全权处理。在华北、苏北两抗日根据地的分店，早在组建时即明确，全部委托当地中共党委领导管理。

1944年12月17日晚，渝桂区联席会议第一次会议在民生路三楼韬奋室召开，到会的渝桂二区管理处代表有沈钧儒、程浩飞、冯舒之、诸度凝、薛迪畅、张友渔、仲秋元、陈正为、孙在廉、方学武，张锡荣作为总经理代表兼上海区代表出席。这次会议是总管理处撤离重庆后，第一次在重庆召开的重要干部会议。1945年1月6日召开第二次会议。这两次会议针对总经理徐伯昕提出的「鉴于本店连年遭受打击，财产损失殆尽，债台高筑，韬奋先生遗嘱创办的四大事业，尚未找到经济来源，而原有的合作社组织，难以吸收大量外资，因此提出可否解散合作社，另创新组织以吸收外资一案」讨论决议：「韬奋先生遗嘱创办四大事业，同人等应继承遗志，努力以求实现，但第一步骤，非吸收大量外资，扩大组织，不能完成。」决议将合作社组织予以解散，并推举社员七人，组织「社务结束委员会」，推选沈钧儒、张锡荣、邵公文、诸度凝、仲秋元为新公司筹备委员。与此同时，还决议成立内地区管理处，「凡大后方之一切业务及新旧机构，以内地区管理处为管理之最高机关」。

1945年1月成立内地区管理委员会及内地区管理处，统一管理内地业务。经投票选举，沈钧儒、诸度凝、薛迪畅、张锡荣、方学武五人为内地区管委会委员，仲秋元为后补委员，沈钧儒为主席，诸祖荣为管理处主任，方学武为总务。内地区管委会举行了六次会议，对内地区书店的工作、桂区工作的善后、人员的分散安置、合作机构（如国讯书店、三户图书社、建华厂、大华印刷厂等）的业务处理，一一做出了安排。在内地区管理处、社务结束会、新机构起草会联席会议上，沈钧儒提议对第二次渝桂联席会议中决议生活出版合作社改组为「新生企业公司」案复议，会议决议：「前议结束生活出版合作社案，否决。」决议本店原组织予以整理及改组，采合作社制，名称改为「生活文化合作社」，以重庆为中心，另在上海筹组新生企业公司。在第六次会议上，还通过了《内地区管理处委员会章则草案》。抗战胜利后，生活书店上海分店复业，渝沪通信联络恢复，总经理徐伯昕已可直接领导管理内地工作，内地区管理处于1945年10月结束。

本册收入了生活书店第六届理事会会议记录，第六届人事委员会会议记录，第六届理事会、人事会、监察委员会联席会会议记录，第六届理、人、监联席会议常务委员会记录和渝桂区联席会议记录，社务结束会议记录，新机构委员会会议记录，内地区管理处、社务结束会、新机构起草会联席会议记录，以及内地区管理处会议记录，时间跨度自1940年

5月29日至1945年3月24日。为了挽救生活书店，邹韬奋、徐伯昕、沈钧儒等领导人，向国民政府行政院、监察院、国民党中央党部、中央宣传部写呈文请求纠正；向地方政府发出公函请求启封、放人，但均遭到无耻推诿。此册附录选取了馆藏中的这些呈文和信函，包括1940年3月30日韬奋在《全民抗战》周刊上发表的《为生活书店辟谣敬告海内外读者及朋友们书》，1941年3月徐伯昕主持起草的《生活书店横被摧残经过》的长文，这些均为生活书店横遭诬陷和摧残最真实的记录。另外，附录还收入了1940年度工作计划大纲、总管理处通告八通等。

需要说明的是，原属分册装订偶有颠倒，现按行文逻辑调整。此外，第49面和第185面以「如下」二字结尾，却无后续内容，现保持原貌。

全书彩色精印，排版时从色泽、尺寸上尽可能还原原貌。书前选取了与此时段相关的生活书店分支店及联营书店照片，生活书店、华北书店等同人的合影，以及韬奋的题词，韬奋致国民参政会辞职信、致沈钧儒等抗日民主党派领袖的信，茅盾为韬奋逝世周年所作纪念文章等作为插页。

感谢巴金故居常务副馆长周立民先生为本书撰写后记，感谢中华书局上海公司的贾雪飞、吴艳红为本书的编辑、出版、宣传做出的努力。至此，有关生活书店会议记录的馆藏文献已全部影印出版，希望本套丛书的出版，能为推动出版史、文化史、韬奋及生活书店的研究做出绵薄贡献。

目录

生活出版合作社

第六届理事会会议记录

第六屆理事會會議記錄

第六届理事會第一次常會會議記錄

廿九年五月卅日下午五時在總处举行

出席者：沈鈞儒 沈志遠 王[illegible]（[illegible]代）

胡愈之（柳湜代） 金仲華（孫明心代）

杜重遠（[illegible]代） 韜奮 徐伯昕

史良（[illegible]代） 李公樸（[illegible]）

一、第五届理事會主席報告改選經過及召開本届理事會情形：本届改選於廿九年三月廿三日發事，當即分別通知各當選理事，如遇遠道不能出席者，請推派代表，截止本日止，尚有杜重遠、王志莘兩理事尚未

指定代表，金仲華理事因推派之代表與胡愈之理事推派者重複，致改推者未到，故仍由上届代表出席

王志莘理事因未派代表故缺席。

二、推舉臨時主席及記錄

公推徐伯昕先生為臨時主席，孫明心先生為記錄，

三、主席報告

1、本店為適應當前環境，配合業務現狀起見，本年度起對於總的方針，有所改變如下：

a、對於業務措置，抱定以保存事業，減少犧牲為原則；

b、收縮舊有不必要的分支店，充實各重要據點，並發展

新的營業區域：

c. 上半年切实整理與调整總分店全部業務机構，加強工作效果

乙. 各部门工作情[illegible]

a. 從一月至四月及五月份一部份營業收入，各分店總計三十六萬二千九百卅九元八角八分（内包括港幣二萬三千二百九十八元〇五分，叻幣七千二百六十八元九角三分並未折合國币），依據數額多少，列次如下：重慶（每月平均在二萬五千元以上，三月份達三萬七千元），2. 桂林（每月平均在一萬元以上，四月份達一萬八千元），3. 昆明（每月平

均在一萬元)、4.赤坎(每月平均六千元以上,四月份達八千七百元)5.香港(每月平均港幣五千元,6.曲江(每月平均四千七百元,三月份達七千一百元)7.成都(每月平均四千五百元)8.上海(每月平均三千元)9.梅縣(每月平均二千七百元)10.星洲(每月平均叻幣一千七百元)、(衡陽表報未寄到,故未詳算)。

6.本年度根據收縮原則,目前決定留存十一個據點,華西區決定留重慶、成都、貴陽、昆明四處,收束者有西安、宜川、蘭州、玉壇、南鄭等五處;西南區決定留桂林、梅縣、曲江三處,收束者有梧州、南寧、衡陽、羅定、雲嶺、南平、麗水、金華、玉林、柳州等十處；沿海區決定留香港、上海、星洲、赤坎四處。其中陝蘭、立、鄭、吉、包、浙、羅等八處已結束，尚有七處正在辦理結束中。

C、關於人員之變動，除已隨時視工作之需要予以適當調遷之外，目前猶在繼續調整中。截至最近止，離職者為四十二人，添用者有二十九人。

D、雜誌部本太大，影響於造貨資金之流動，故最近已將「婦女生活」「理論與現實」「戰時教育」「世界知識」決定劃分，由各該刊獨立經營，前兩者已決自六月份起開始。

E. 關於編審計劃，本年度原擬八百五十萬字，继以配合造貨資金及出版環境，故經修改之後，減為五百萬字。目前收到者已有五百六十二萬字，

F. 本版書已擬定暢銷、絕版及修改部份，以後注重於暢銷書之再版，滯銷書停印。

G. 關於分散的佈置，已有下列各項事業，1. 印刷所之建立，2. 投資合作出版社，3. 什誌的獨立發行，

H. 巡迴視導工作已實施，張錫榮同事於四月三十日出發赴筑、準備轉赴滇、桂等處視導。并調沈儆

元同事會同視導帳務。

三、近以紙價高漲，造貨成本較前增加，因此本版書決定重行增改定價，並決定於六月一日起实行。五月中各店舉行廉價，對滞銷書的脫售，情形尚好。

四、互選本屆理事會常務理事及總經理，結果如下：

徐伯昕　八票　　鄒韜奮　八票　　沈志遠　七票

胡愈之　七票　　李濟安　四票

以上五人當選為常務理事

徐伯昕　八票當選為總經理

討論事項：

一、為佐理業務上之需要，提議在總經理下添設襄理一人，人選由總經理推薦，交付理事會決定之。

議決：原則通過

六、本店如調派社員參加其他合作事業機構工作，應否保留社員資格及其應得權利。

議決：社員資格及社員應得權利應予保留，施行細則由人事委員會另行擬訂。

主席 徐伯昕

第六屆理事會第二次常會記錄

廿九年八月五日上午八時在學田灣總處舉行

出席者：

沈鈞儒　沈志遠　韜奮

杜重遠（黃寶珣代）　李濟安

王志莘（莫志恒代）　徐伯昕

沙千里（邵公文代）　胡愈之　柳湜代

列席者：張錫榮

主席　鄒韜奮

紀錄　李濟安

一、報告事項

總經理徐伯昕报告最近以來之業務變動狀況及營業、經濟情形

人自從上屆理事會到現在這二月餘之時間中，首先要報告的就是渝市屢遭敵机狂炸，致總處房屋被炸震毀，一切工作不得不分散辦理，現除學田灣原屋尚留少數同人辦理必需在城內處理之工作外，大部份同人均已遷至唐家沱辦公，存貨則遷往江北。至於此次損失，估計約有三千元，一方面即進行在江北自建房屋。原來房屋之房租自六月份起即停付，這是總處的情形。渝店則僥倖未被炸過，現在內

部工作如會計郵購發行等均遷南岸辦理，門市部存貨減至六千元並在北碚，設立支店，補償營業上的損失。

又，歐局突變後，沿海各店即突形緊張，首先就是赤坎分店被迫撤退，人員調曲，存貨除一部份留赤外餘均轉桂。同時港星兩店亦作緊急應付，星店改換招牌並將營業項目側重文具，港店又因開支太大，故決予出盤，至于運輸路綫，港曲尚可通行，港郵包亦可照寄，另外則在設法添走甬曲綫。

三、上半年度營業及開支實況，只能結算至五月底止，現在列表如下：

廿九年上期各店营业开支概况（五月止）

店别	截止月份	本版书	杂志	外版书	文具	除折扣	实销	开支	开支占营业数之百分比
重庆	5	62,278.04	24,562.21	45,034.73	20,908.87	13,916.69	134,822.26	15,378.76	11.40%
	每月平均数	12,455.73	4,903.34	9,006.95	4,181.77	3,583.34	26,964.45	3,075.75	
昆明	5	15,956.71	8,088.07	33,828.43		3,415.61	54,457.60	7,810.48	14.35%
	每月平均数	3,191.34	1,617.61	6,765.69		683.12	10,891.52	1,562.10	
成都	5	14,218.34	3,214.52	9,017.75		2,668.75	23,781.86	4,885.53	20.56%
	每月平均数	2,843.67	642.90	1,803.55		533.75	4,756.37	977.11	
上海	5	9,136.98	2,414.25	7,835.22		2,314.79	17,071.66	2,977.70	17.44%
	每月平均数	1,827.40	482.85	1,567.04		462.96	3,414.33	595.54	（送货部不在内）
桂林	5	42,761.93	14,636.78	25,221.54		9,961.21	72,659.04	8,882.27	12.23%
	每月平均数	8,552.39	2,927.36	5,044.30		1,992.24	14,531.81	1,776.45	
柳州	5	6,368.12	3,760.93	9,920.81		1,440.33	18,609.53	3,571.79	19.20%
	每月平均数	1,273.62	752.19	1,984.16		288.07	3,721.90	714.36	
曲江	5	13,802.01	3,713.83	11,274.23		2,775.75	25,014.32	3,442.72	13.76%
	每月平均数	2,760.40	742.77	2,254.85		555.15	5,002.87	688.54	
梅县	5	10,288.65	2,289.24	6,231.91		1,501.32	17,308.48	1,852.22	10.70%
	每月平均数	2,057.73	457.85	1,246.38		300.26	3,461.70	370.44	

香港	5	港	13,484.93	4,835.86	13,565.99		6,255.29	25,631.49	8,173.99	31.87%
		国	26,969.86	9,671.72	27,131.98		12,510.58	51,262.98	16,347.98	
	每月平均数	港	2,696.99	967.17	2,713.20		1,251.06	5,126.30	1,634.80	
		国	5,393.98	1,934.34	5,426.40		2,502.12	10,252.60	3,269.60	
新加坡	5	叻	1,705.41	1,917.80	4,884.98	953.68		9,661.87	3,755.93	40.93%
		国	6,351.30	6,352.60	16,283.11	3,178.90		32,205.91	13,186.30	
	每月平均数	叻	381.08	383.56	976.99	190.74		1,932.37	791.19	
		国	1,270.25	1,275.52	3,256.60	635.80		6,441.17	2,637.26	
蘭州	5		14,531.43	980.72	3,349.07		3,297.52	15,563.70	1,872.00	12.03%
	每月平均数		2,906.29	196.14	669.81		659.50	3,112.74	374.40	
赤坎	4		13,354.97	2,766.77	13,767.97		4,870.06	25,019.65	4,726.38	18.88%
	每月平均数		3,338.74	691.69	3,441.99		1,217.52	6,254.90	1,181.50	
上海造貨部	5								7,902.81	
	每月平均数								1,580.56	
總處	5								41,389.25	
	每月平均数								8,277.85	
全年共計			236,018.84	82,446.16	208,896.75	5,277.77	63,672.61	487,836.99	134,226.19	27.52%
每月平均数			47,203.77	16,489.23	41,779.35	1,055.55	12,734.52	97,567.40	27,081.55	

由上表吾人可以窺知上半年五個月之銷貨總額，雖有
四八七，八三六．九九元但開支額加上總處之四九，二九二．〇六元竟

達一三四，二二六，一九元，就是說，開支要佔營業額百分之二七·五三的可驚數字，依照上半年的預計，營業額雖亦略有增高，但開支額超出之比數，遠較營業額為鉅，其次是結束各店的損失，有一部份已經售出，計衡陽分店三千八百元，梧州分店二千七百元，玉林分店二千七百元，南寧分店一千七百元，羅定分店三百元，共達一萬一千元以上，營業上這種不良現象是目前本店一個重大危機，這是必須用全力來把它克服過來的。

4.半年來的經濟情形，仍未脫出艱難的境遇，直到目前為止，最低限度需用應付印刷費一萬元，版稅稿費九千四百元，還借款二萬七千元，文具進貨資金一百元，進貨資金二萬八千元，外收進貨資金二萬六千元，共需十一萬元，除分店按月解款有三萬五千元及出售存級可得三萬元外，尚短四萬五千元。

5 其他應行報告者，尚有下述幾項：

A. 梅縣分店因貨源困難，決予收束。

B. 柳州書店因營業欠振，決予出盤。

C. 巡迴視導已去過筑滇兩店，該兩店之視導工作已經完成。

D. 蓉店因環境惡化，經理胡連坤及職員彭朝惠被押未放。

E. 什誌獨立，已辦妥者有理宴，婦生兩刊，國公戰教尚在商洽中，月內亦可具体決定。

7.合作事業，如兩個印刷所均能按照預定計劃進行，成績均頗良好，另在敵後與別家合辦之書店亦已在着手籌備中。

六、討論事項：

1.出版營業方針案，

2.經濟問題案；

3.廿九年下半年度預算案；

4.建築房屋案；

5.通過新社員案；

6.改革領導機構案。

三、議決事項：

1、根據經理部擬定之調整業務大綱，一致通過。

調整業務大綱

自去年四月以來，文化工作受限制日趨嚴厲，本店受封店捕人禁書之損失約在十五萬元之譜。隨着政治環境之變動和抗戰局面之緊張，進步讀者紛紛往前方工作，留於大後方之讀者大都缺乏接近進步讀物之興趣。又查本店出版物行銷情形，僅局限於少數大城市，未能深入小城市與鄉村，因其內容距離廣大讀者之需要太遠。因此之故，新出版物銷路並不暢旺，各店頗多擱置。此其一。本店內地分店，於全盛時期達三十餘处，根據各店決算情形，除極少數地處大城市之分店外，大都虧損，即有一部份盈餘開支者，亦吸取大量資金，未能作有利之運用；賺錢之分店寥寥，忠誠負責之幹部不夠分配，貨物供應不夠充分與適合環境需要，實為虧損之原因。經营分店既有虧損，即影響整個店的經濟基礎，使總處無足夠之資力進貨，再版書之補充既未能迅速而充分，新書出版數量亦少，營業狀況因之更趨惡劣。此其二。對於外版進貨，因限於資力與人力，始終未曾建立完善，使内地各店營業吃虧不少。如内地與滬港交通梗阻之昆明，終年未得上海來貨，只得就地進貨，貨物壞而少，利益微薄，僅此一店每月至少少賺一千二百元。又查港店劇本主要原因之一，為「貨不來港」，可見外版進貨問題未得妥善解決，損失頗大，此其三。就此三端，試擬改善辦法如下：

A. 編輯出版方面　編輯出版方針宜畧加變動，須根據沿海、內地及敵後讀者之文化水準及實際需要，並估計所處之環境，重擬各區獨立編輯計劃；即對於沿海及內地，須供應政治環境所許可而為廣大讀者所需要之啓蒙及實用之讀物，例如：

甲、啓蒙及實用讀物，如：關於青年修養及處世待人之書；各界應用之各種書信尺牘等；中初級學校課外補充讀物等；一般適用之「大衆字典」文章作法等；有

趣味有價值筆調輕鬆之刊物一種；花紙圖畫書及其

他通俗讀物。

乙、具有永久性與普遍性之書，希望尽量编輯，如：世界文藝名著的名譯，創作方法介紹等；一般社會科學著作由淺入深各級讀物全套；哲學著作由淺及深各級全套；良好之史地傳記讀物；社會科學、哲學辭典，年鑑，各界適用之手册等，俄文讀本等；歌曲集等，

丙、已收之新書稿中，舉凡成本巨大，銷路無把握者，應即停止印造。

丁、再版書之暢銷者，須迅速以全力印造：如青年的修養

與訓練，小學教師手冊，萍蹤憶語，萍蹤寄語，高爾基，被開墾的處女地，高爾基創作選集，新經濟大綱，政治經濟學講話等。本年下半年至少印造五百萬字。

B. 分店整頓方面　一部份營業較差而無前途之分店應予收歇，以便集中人力資力於重要分店，提高工作人員之質量，以增加辦事效力，節省開支，提高營業額。沿海只留滬星弍處，港改設辦事處，內地只留渝、蓉、筑、滇、桂、曲六處，此外向敵後華北及江南區謀發展，沿海各店縮小範圍，改變名義，準備國際形勢之變化，經營重商業性，除兼售各種畫報及趣味讀物外，並兼售文具及體育用品，以至編印適合當地環境需要之讀物，必須求得餘利，以經濟上幫助整個事業之支持與發展。內地各店，人事調整後貨物必須予以充實，經營重商業性，除供應進步讀物外，兼售商務、中華出版物及其他無害而有銷路之讀物，必要時兼售文具，務必經濟求自給外，能有相當之餘利。沿海及內地各店力求鞏固，即之避免改組上之誤會，內務上軌，有餘利。敵後書店為節省資力起見，可採取合作方式，在籌劃期內，偏重建立基礎與信譽，總處機構簡單化，西南區撤銷，得力幹部分配至各重要據點經營與留守，以求計劃之實現。

C.對於進貨方面　上海物質條件優越，今受國際環境變化之影響，與內地交通隔斷，但同業間大量出版物集中於該地印造，日後仍可能為文化重心，故向上海辦理進貨，今後仍須籌備。外版書營業估本店營業總額十分之四，進貨適當與否，進價便宜與否，關係營業利害極大。鑒於過去之經驗，進貨工作，須指派專人負責，並撥出專款辦理，方稱妥善。辦理進貨人員必須熟悉內地文化需要情形，富有鑑別書報內容之能力，熟悉商情及運輸，常駐上海。進貨專款，係定一萬元，貨物運達各店後，由各店即行直接付款給上海，不必轉解總處，以利流轉迅速。使上海進貨能經常保有相當資金，源源供給，不致中斷。

為保證上述原則能正確完成計，下述七項具体任務，必須予以做到。

甲、劃區管理，各單位必須獨立支持。國際局勢與國內政治，變動至大，為適應此種急劇變化起見，今後改劃沿海、內地、敵後三區獨立管理，其他人事、經濟、出版、營業等，歸各區獨立負責主持，根據計划完，其內地之向沿海添進存貨或重版貨者，均須隨時匯款，作為委托代辦貨，不酌貼事務費用。本年度下期沿海區營業額至少須達到十二萬一千五百五十元，開支不得超過三萬二千二百八十元，半年內應解區處款為二萬八千一百四十元。内地區營業額至少須達到三十九萬八千一百元，用支不得超過四萬五千六百元，半年内應滙解總處款為十八萬二千七百元。内地區方面桂林造貨機構仍須加強，使能維持西南一部份貨物供應，萬一公路交通斷絶，尚能利用水道供給。

乙、兼營文具，獨立會計。 各店在下半年起门市增設文具部，由沿海進貨，暫以一萬元為流動資金，會計完全獨立，以求獨立發展，藉可補助出版方面之損失。將來如資金有辦法時，並可兼營紙張筆墨之販賣。

丙、限定各店銷貨折扣，以減少損失。 近以各店主持者，輕視營業性，偏重於事業性，以致書籍折扣降低發售，門市與批發銷貨折扣，其總和竟有低過於八折者，如此損失至重，以後決定總銷貨折扣，不得低過於九折。

丁、營業採責成制，並訂懲獎辦法。過去各店營業盈虧，各店並不負責，未完成計劃者，並不加以指責，超過計劃者，亦未加以獎勵，今後關於各店營業開支，以及營業計劃，必須由各店負責人擬具提出，經過總處核准後施行。其未完成計劃者，應予處分，其超過預定計劃者，得在其盈餘部份提出百分之幾，以作該店之獎勵金，其獎勵金之分配辦法，或可照薪給多發一個月或一個月以上。

其詳細辦法另訂之。

戊、改革主計制度。　第一，改進現金管理辦法：過去各店對於現金匯解，頗多忽視，以致資金運用甚感困難，茲擬將各店每日收入除去應付開支（由總處規定）外，全數存入銀行，分總處及分店兩戶，分店戶由分店直接管理，總處戶由總處與銀行直接管理，分店如遇超過預約之特殊開支，得另行向總處聲請撥付，不得自動支用。第二，增加成本會計補助帳。目前各種商業，均有成本會計之設置，書店對每種書籍或刊物，其單獨成本之計算，可以看出其實際盈虧，故書店今後必須做將整個會計制度加以改革，採用成本會計，但目前為逐步走到此目的計，必須增添成本會計補助帳，以資補救。

己、存貨劃歸各店自行負責管理。　存貨為本店主要之財產，其管理辦法之嚴密或鬆散，足以影響整經濟基礎。過去各店對存貨看做是總處之財產，其損失可劃規總處負責，茲求便利管理與專責計，所有存貨，均作為各店財產，總處或各店互添貨物，在各店發出後，即作為該店欠總處或分店帳款，萬一有損失而獲得證明者，得由兩處各半負擔，如是更較合理。

庚、嚴格執行劃一決算辦法　在各店擬有單獨預算與計劃，並執行獎懲辦法，對決算辦法，必須劃一規定，以免過去不同辦法中發生流弊，例如本版書及本版什志存貨一律須照平均造貨成本之八折計算，過期什志概不計入，外版存貨及文具須照進價以九折計算。其他如每年下期決算時，必須將本期興業費提百分之二十作攤提。其他準備及損失亦必須照規定辦法辦理，以免浮益而不一律。

辛、籌劃資金，決定分頭向上海銀行振濟委員会及經濟部去借款，上海銀行由沈志遠先生去接洽，振濟委員會由沈鈞儒先生去接洽，經濟部已在進行中。

三、廿九年下半年年度預算一致通過

二十九年下期各店營業與開支概算書

店別	分類	每月營業總額	下期營業總額	每月營業實收	下期營業實收	每月開支預算	每月應解貨款
重慶	a	12000	72000	10200	61200		
	b	4000	24000	3200	19200		
	c	8000	48000	7600	45600		
	d	4000	24000	4000	24000		
	T	28000	168000	25000	150000	2500	11200
昆明	a	4000	24000	3400	20400		
	b	500	3000	400	2400		
	c	3500	21000	3325	19950		
	d	3000	18000	3000	18000		
	T	11000	66000	10125	60750	1200	3150
貴陽	a	3000	18000	2550	15300		
	b	500	3000	400	2400		
	c	2500	15000	2375	14250		
	T	6000	36000	5325	31950	700	2450

成都	a	3000	18000	2550	15300		
	b	500	3000	400	2400		
	c	2500	15000	2375	14250		
		6000	36000	5325	31950	700	2450
桂林	a	10000	60000	8500	51000		
	b	2500	15000	2000	12000		
	c	5000	30000	4750	28500		
		17500	105000	15250	91500	1800	8750
曲江	a	3000	18000	2550	15300		
	b	500	3000	400	2400		
	c	2500	15000	2375	14250		
		6000	36000	5325	31950	700	2450
内地区	a	35000	210000	29750	178500		
	b	8500	51000	6800	40800		
	c	24000	144000	22800	136800		
	d	7000	42000	7000	42000		
		74500	447000	66350	398100	7600	30450
上海	a	2000	12000	1700	10200		
	b	500	3000	400	2400		
	c	2500	15000	2375	14250		

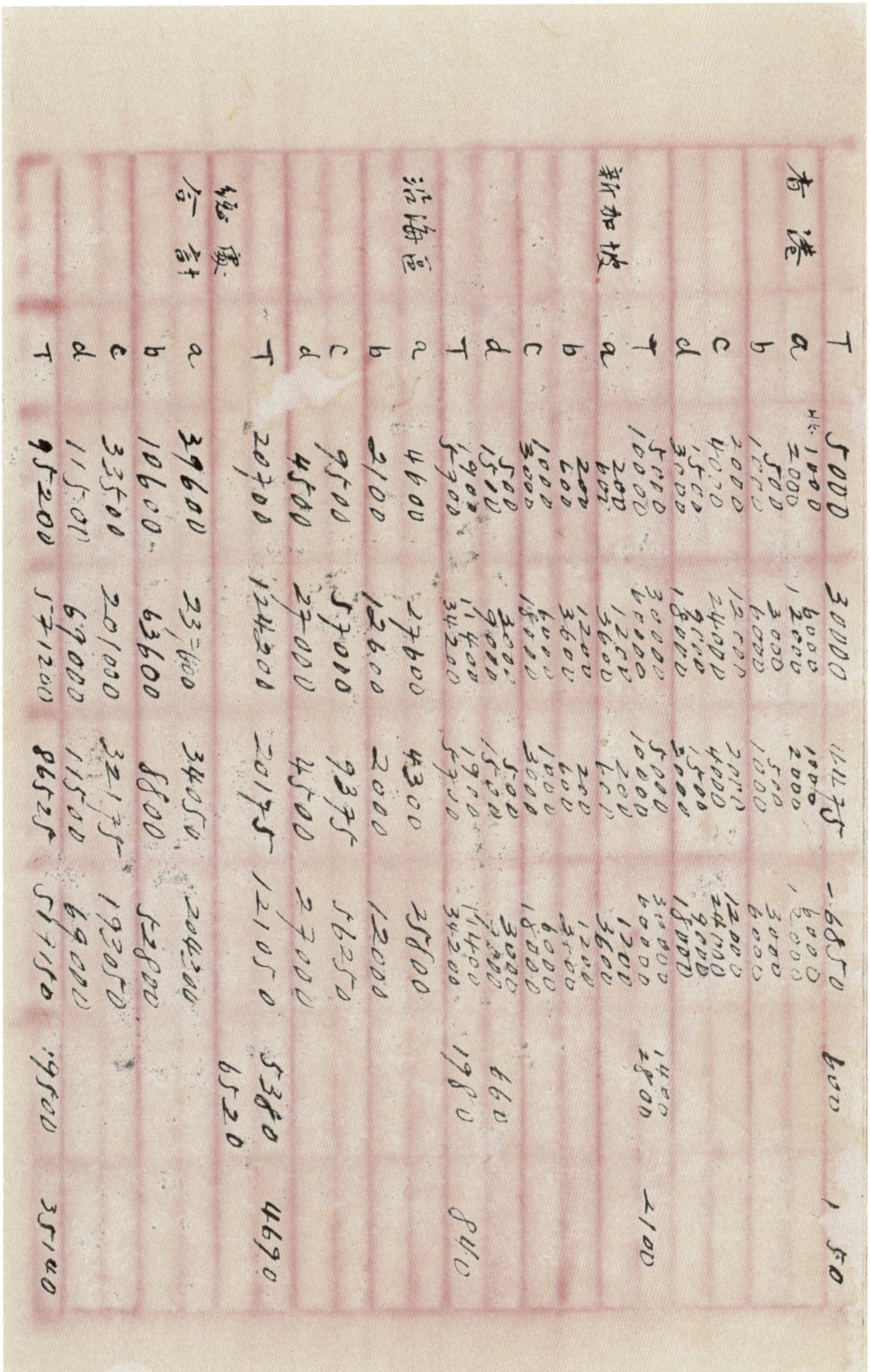

	T	5000	30000	4475	-6850	600	150
香港	a	1000 2000	6000 12000	1000 2000	6000 12000		
	b	500 1000	3000 6000	500 1000	3000 6000		
	c	2000 4000	12000 24000	2000 4000	12000 24000		
	d	1500 3000	9000 18000	1500 3000	9000 18000		
	T	5000 10000	30000 60000	5000 10000	30000 60000	1400 2800	2100
新加坡	a	200 600	1200 3600	200 600	1200 3600		
	b	200 600	1200 3600	200 600	1200 3600		
	c	1000 3000	6000 18000	1000 3000	6000 18000		
	d	500 1500	3000 9000	500 1500	3000 9000	660	
	T	1900 5700	11400 34200	1900 5700	11400 34200	1980	840
沿海區	a	4600	27600	4300	25800		
	b	2100	12600	2000	12000		
	c	9500	57000	9375	56250		
	d	4500	27000	4500	27000		
	T	20700	124200	20175	121050	5380	4690
總處						6520	
合計	a	39600	237600	34050	204300		
	b	10600	63600	8800	52800		
	c	33500	201000	32175	193050		
	d	11500	69000	11500	69000		
	T	95200	571200	86525	517150	19500	35140

4.江北房屋業已建就，需款約六千元，目前轟炸危險仍多，資金擱置亦鉅，故決予出售，總處辦公仍留唐家沱，城内部份另行覓屋。

5.根據六、七會審查之結果，程浩飛、殷國秀、華青禾、李奕芳、丁希馬、閔遼、何步云、董順華、趙德林等九人通過為社員，

6.本店領導機構原有理事會，人事委員會及監察委員會分別負責業務，人事，監察三項任務，但在目前這種緊急局面之下由于種種原因分別開會頗不容易，以致會期常有延擱，同時當選理事，人事及監委所推代表，頗多雷同，人數原極

有限，尤其重要者，三權分立，民主集中亦未能充份發揮，故對於領導机構殊有權宜改革之必要。大致之辦法，今後總的領導由理、人、監組織聯席會議主持並對全体社員負責，聯席會議每三月開會一次，另由理事會推出代表三人，人事委員會推出代表三人，監察委員會推出代表一人，共代表七人，組織聯席會議常務委員會，依照聯席會議決定之方針集中負責及領導全店之業務，人事及監察工作，常務委員會每半月開會一次。

對于上述辦法，理事會一致同意，決定提請理、人、監聯席會議討論通過後實行。並推定鄒韜奮、徐伯昕、柳湜為理事會參加聯席會議常務委員會之代表。

主席

生活出版合作社

第六届人事委员会会议记录

第一冊

第六屆人事委員會々議記錄

第六届人事委员会第一次常会记录

廿九年六月五日下午二时在总处举行

出席者：诸祖荣（方学武代） 张锡荣（薛天鹏代）

张又新（黄洛峰代） 袁信之 [illegible]

[illegible] [illegible] [illegible] [illegible]

[illegible]

主席 邹韬奋

记录 张锡荣（薛天鹏代）

报告事项

人五月份人事进退调遣如下：渝店姚芝仙 桂店沈一展、筑

店王方綬、李淑元進店；渝店陳一平、羅兆林、蓉店陳風九
離店；渝店薛敷恒調總處。
2.據視導員之報告，筑店張子收怠忽職務情形嚴重，業務
損失甚大。並提議解決辦法如下：(一)張子收支薪至七月底
止，在支薪期內辦理移交，另找他業；(二)七月底以後離店出社；
(三)作自動辭職論，不予處分，以增進經營筑店之便利。
3.本店為擴展業務，有與他家合作舉辦新事業之必要。本店
調派職員參加合作事業，須另訂待遇辦法，茲已擬就草案，
提請修正通過。
選舉本屆本會主席及秘書

按照社章之規定，本會須互選主席一人主持會務，並選祕書一人掌管記錄文件。茲經投票選舉，結果如下：

主席 鄒韜奮 大票（當選）

胡耐秋 一票

徐伯昕 二票

秘書 張錫榮 四票（當選）

胡耐秋 二票

鄒公文 二票

諸祖榮 一票

討論事項

一、筑店張子旼處分案；
二、孫明心、陳錫麟、趙曉恩辭職案；
三、生活津貼辦法改變案；
四、解子玉、方學武、張國鈞請假案；
五、黄寶珣薪給案；
六、調派本店職員參加合作事業待遇辦法案。

決議事項：

一、張子旼同事於廿九年任職貴陽分店經理兼會計，公開宣稱对本店事業抱消極態度。查貴陽分店廿九年一月至五月份賬務完全擱置，批發賬款積欠至五千八百元而未加催索，進貨往來因係未加清理，郵購收款及發貨手續不清，二月份收到附有郵匯票之信七封直至五月尚未拆辦，凡此皆為怠忽職守之事實，此項事實足以損害本店名譽、營業及財產，據此，張子敀同事應受停職處分，但為顧全其實際困難起見，得准予支薪至七月底止，自行提出辭職，

六、孫明心、陳錫麟、趙曉恩三同事，於五月十六日以個人間意見參商無法尋求協調之方為理由，聯名提出辭職。查一三同事對於本店出版營業等方針，素無分歧意見，所謂意見參商，想係指人事上之瑣碎問題。此類人事問

題上之意見出入，在事業利益第一之前提下，開誠佈公進行商議，絕對可以獲得適當之解決。今以辭職解決問題，實不合團結合作之精神，徒然分散力量，使本店事業受到影響，本會不能予以贊同。惟三同事在店服務均有五年以上之歷史，擔任重要職務，對事業貢獻甚多，為本店依畀極重之幹部，應特別予以愛護，此次提出辭職，堅決予以挽留。

三、本店戰時生活津貼辦法，原定每三月調查物價一次，決定津貼額。惟戰時物價騰漲極速，應改每二月調查物價一次，決定津貼額，以減少同人生活上之困難。

四、解子玉同事原任推廣科工作，因求學，請假一年。目前本店工作人員缺乏，請假求學未能照准，其離開職務，應作自動離職論。

五、方學武同事任職桂林分店總務，於廿九年五月廿四日提出請長假一年，未得允准，即行離職奔渝。查此係擅離職守之犯規行為，本應予以停職處分，惟念方同事平日對店忠誠，工作成績良好，特減輕予以警告一次。目前本店工作人員缺乏，請假未能照准。

渝店張國鈞同事因病請假一月，業經醫師証明必要，應予照准。

六、黃寶均同事對於其自身之薪給問題，第三次提出意見根據社章要求復議，推翻本會已成之決議案。查六年前議給黃同事報酬之時，情形特殊，而於事後產生之章則自不能追認既往之事實，據此黃同事之意見應毋庸議，仍維持原案。

七、通過「調派職員參加合作事業待遇辦法」如下：

[illegible]

第六届人事委員会第二次常会記録

廿九年八月四日上午八時在生活書店總处举行

出席者：韬奋　徐伯昕　張仲実

諸祖榮（沈百民代）　胡耐秋　袁信之（出差）

張子升（以下列席）　薛迪暢　黄志恒

邵公文

主席　邹韬奋

記録　張錫榮

報告事項

一、六月至七月份，人事進退調遣如下：總處孫克定、渝店羅兆林、桂店姚丙辭職照准；渝店夏雨人、李宗禄、蓉店王步武、范玉金、壽春、赤店章長庚停止任用；赤店張明西、高鑑倪寬調曲；宜店賀承先、王海瑞調蓉；立店嚴永明調渝。

2. 蓉店經理胡連坤失踪，彭朝惠被捕，陝店周名寰請求保釋未准，均在設法營救中。

3. 張子畋因怠忽職務，應予停職處分，已有決議在案。今提出自八月一日起辭職，已予照准。

4. 李仁哉當邕店退出時失物九十四元二角，已按章津貼一半計四十七元一角。何步雲在滬失物一百元，按章津貼三分之一，計三十三元。

5、下列各職員因職務加重，變更待遇如下：柳湜原薪一百六十元，改支一百八十元；程浩飛原薪五十二元，改支七十元；邱正衡原薪四十八元，改支六十元，陳正為原薪三十二元，改支四十元。

討論事項：

一、渝店劉新、丁潔如、曲店陳云才請假案；

二、總處張志民、滇店孟漢臣辭職案；

三、滬店全人參加聯誼會要求津貼會費案；

四、張春生接眷案；

五、甄別工作人員，變更薪給辦法及變更工作時間案；

六、審查新社員案，

決議事項：

一、劉新同事工作成績良好，因求學請假一年，未能照准，應商請復職。丁潔如同事因病請假三月，未經醫師証明，應予調查，如確有病，應予照准，否則應即日回店復職。如不復職，應作自由離職論。陳雲才因肺病請假三月，回家休養，應予照准。

同人請假，假期在二月以上者，概須由本會核准，但該請假書須向當地負責人提出，並由當地負責人簽註意見，最後提交本會決定。

二、張志民、孟漢臣二同事，分別於六月廿四及七月十五日提出辭職，並已离開職守。查張志民、孟漢臣二同事担任重要職務有年，對店貢獻甚多，為依畀極重之幹部，應予懇切挽留。

三、據滬店同人自治會七月十三日函稱，滬店同人為獲得正當娛樂起見，擬隨商務、世界等書業同人參加華聯業餘俱樂部書業組，每人每年需繳會費四元，要求按照同業通例津貼半數二元，以示鼓勵之意。此項津貼可予照准，按時於同人自治會經費項下撥付之。

四、張春生於八月一日申請接眷，接至工作地点後每月生活如何支持，頗有疑問，待調查後再議。

五、本店在抗戰開始以後，業務擴充，工作人員數量增多，散居各地，故管理上不無欠週之處。目前所顯現之缺點，其最著者有四：第一、工作人員量多而質差，不是技能薄弱，便是沒有責任心，或兩病都有，以致享受一人待遇而未能完成半人之工作者，數見不鮮，使本店開支無形增大，已達到佔營業額百分之廿八之空前高度。第二、大部份工作人員因家累過重或對於待遇期望過奢，本店無力予以滿足，心中常懷不滿與不平，明知文化事業之難於獲取厚利，但不能抱犧牲精神過清苦生活。第三、在七小時工作時間內，大部份人未能緊張工作，或抱敷衍塞責態度，甚至爭調輕便之工作，以求清閒。此種惡習之存在，使工作效果大大減低，紀律廢弛。第四，本店領導机構過去對於幹部之識拔與調遣，未十分重視認識水準與忠誠程度，故有少數幹部在困苦時期動搖，不能堅持工作，甚至發生損害本店利益之事實。據此四端，決議改善辦法如下：

(1)實行甄別 每一分店之基幹人員，如經理、會計、內務營業及門市負責人員，應先予調整充實，並使緊密團結合作。然後在不妨礙工作之情況下，依據最近成績，對於具有下述情形之一者，予以適當之懲戒，其情節嚴重者停職：

A. 工作成績惡劣者；

B. 对工作抱消極態度者；

C. 不服從負責人之指導而怠忽職守者；

D. 私生活處理失當而影響工作者。

務使留店之工作人員皆能尽其職守，緊張工作，保持優良之工作精神，以減少人力浪費，節省開支。各店聘用工作人員數量應以營業額多寡為標準，每月營業每滿一千元用一人，職員占三分之二，其餘三分之一為練習生，每月營業萬元以内者，加用工役一名，萬元元以上者加用工役二名，減用職員一名。如分店中附有編審造貨運輸發行等特殊業務者另行酌加，按照目前營業與用人之比例估計，至少可省四十人，即每月至少再可省弍千元之開支。如此甄別之後，不但可減省開支，更可提高工作情緒。

(2)變更薪給　本年七月，本應按照規定辦法加薪，上半年營業雖已超過預算，但目前政局激變，沿海損失頗大，重慶又遭狂炸，且開支超過頗鉅，故暫不普遍加薪，惟須特別注重提高工作成績特別優良而富有責任心與職責加重者之薪額。此外，凡薪水在五十元以上者，舉行普遍減薪，凡超过五十元之數，一律打八折減發，此種局部減少薪額為過渡艱危局面之暫行辦法，一以根據共艱苦之原則，鼓勵全体同人工作情绪，二以救濟店的經濟困難。此項办法自八月份起實行，至廿九年十二月份為止，屆時視本店經濟情形，再議改變辦法。此外，並实行奬金制度，每年劃出一部份現款，分作大小若干份，奬勵對職務特別努力，对本店事業表現特別忠誠的同事。

(3)增加工作時间　在抗戰艱苦時期，經營文化事業利益微薄，為支持本店事業起見，工作時间决定改為八小時，在工作時間內，須絕对緊張工作，進脩時間須在工作時間之外，如門市營業時間為十一小時，則其餘三小時可由內部工作人員輪值，工作之分配，須以充分利用工作時間為準，一人得兼任數種工作，

(4) 本店對於幹部之識拔與調任重要職務，除注意工作成績優良外，同時須注意認識清楚，技術熟練責任心豐富，與私生活嚴肅，此五端須就整個服務時期之表現加以考察，如缺其一，不能視為完整之幹部而任以重職，對於青年同事之訓練，亦以此五

點為準則，對於每一分店之工作人員，須根據此五端加以調整，使每一分店擁有相當數量之中堅幹部在工作上起模范作用，以改善以至清除一切消極、怠惰、自私、損害本店利益之惡劣傾向。

六、按照社章之規定，凡年滿二十歲，試用六個月期滿後正式任職滿六個月之職員，經過審查，得為社員。茲就規定之四項標準（一、工作成績優良，二、對店忠誠，三、思想純正，四、私生活嚴肅）審查結果如下：

程浩飛、殷國秀、閔適、華清禾、董順華、李亦方、趙德林、丁希馬、何步云，以上九人均與標準相符，應

予通過，提交理事會審核，
汪擇籌最近攷绩材料不充分，應予調查後再行審查，
王海瑞、何求、薛天鶴、郭黎、黃學堯、王健行，以上六人傾向均好，但尚未成熟至符合標準之程度，應去函鼓勵外，暫緩通過，
汪占魁、蘇有餘、王大焜、夏華清、袁太恒、梁芹、以上六人與標準相差甚遠，不予通過。

[illegible]

第二屆人事委員會第一次臨時會議記錄

出席者：邵公文　徐伯昕

嚴長衍　孫夢旦　胡耐秋

諸祖榮（沈百民代）　薛迪暢

袁信之（黃寶珣代）　張又新（丁君匋代）

黃志恒

主席　鄒韜奮

記錄　張錫榮

主席報告

根據本日理人監聯席會議通過關於改革本店領導機構之決議，本店為應付當今緊急之局面起見，須將原有之理事會、人事委員會及監察委員會，改為理、人、監聯席會議，每三月開會一次，其職權為（一）聽取報告，（二）核准過去工作，（三）決定社務業務重要方針，再由聯席會議產生常務委員會，由各原有機構推選理事會代表三人、人事委員會代表三人及監察委員會代表一人組織之，每半月開會一次，其職權為：將理、人、監之職權依照聯席會議決定之方針集中執行之。常務委員之執行事項，事後須向聯席會議提出報告，請求核准。如此可以加強民主集中之領導，使業務處理迅速，增加效率。原有機構並未取消，必要時仍得分別舉行會議，對於所推選之代表，必要時得撤回重選之。聯席會議並已責成理、人、監各原有機構迅速推選代表，組織常務委員會，以便在聯席會議閉會期內，執行本店社務業務人事之最高職權。因此，本會即須推派代表三人參加組織常務委員會。

須附帶報告者，為使推選常務委員結果良好起見，理事會根據實際執行業務上之需要，特提出候選人名單，希望在人事委員會方面，推選張錫榮、胡耐秋、邵公文三人為代表。推選參加聯席會議常務委員会之代表，本会一致通过，推選張錫榮、胡耐秋、邵公文三人，為參加聯席會議常務委員会之代表。

散會。

生活出版合作社

第六届理事会、人事委员会、监察委员会联席会会议记录

第六屆 理事会

人事委員会

監察委員会

聯席會會議記錄

理、人、监第一次联席会议记录

卅年八月五日在学田湾衡舍举行

出席者：

沈钧儒　沈志远　韬奋

杜重远（黄宝珣代）　胡耐秋

諸觀（沈钧儒代）　薛迪畅

李济之（黄洪年代）　李济安

张锡新（许觉民代）　莫志恒

王太来（莫志恒代）　邵公文

艾寒松（邵公文代）　陈其襄（邵公文代）

徐伯昕　——　张锡荣

公推鄒韜奮主席 胡愈之代 張錫榮記錄

主席報告

理事會有一重要提案，須向各領導機構報告，故召集聯席會議討論，本店為應付當今緊急之局面起見，擬將原有之理事會、人事委員會及監察委員會改為理、人、監聯席會議，每三月開會一次，其職權為㈠聽取報告，㈡核准過去工作，㈢決定社務業務重要方針，再由聯席會議產生常務委員會，由各原有機構推選理事會代表三人，人事委員會代表三人及監察委員會代表一人組織之，每半月開会一次，其職權為：將理、人、監之職權依照聯席會議決定之方針集中執行之。常務委員之執行事項，事後須向聯席會議提出报告，請求核准，如此可以加强民主集中之領導，使業務處理迅速，增加效率。原有機構並未取消，必要時仍得分别舉行會議，對於所推選之代表，必要時得撤回重選之。須附帶報告者，為使推選常務委員結果良好起見，理事會根據實際執行業務上之需要，特提出候選人名單，可供参攷：理事會代表徐伯昕、柳湜、鄒韜奮，人事委員代表張錫榮、邵公文、胡耐秋，監察委員會代表廖庶謙。

討論事項：

改革本店領導机構案。

決議事項：

聯席會議一致決議，通過主席團，於改革本店領導機構之報告，並立即付之實行。責成理、人、監各原有機構從速推選代表，組織常務委員會，以便在聯席會議閉會期內，執行本店社務業務人事之最高職權。

散會

主席

記錄

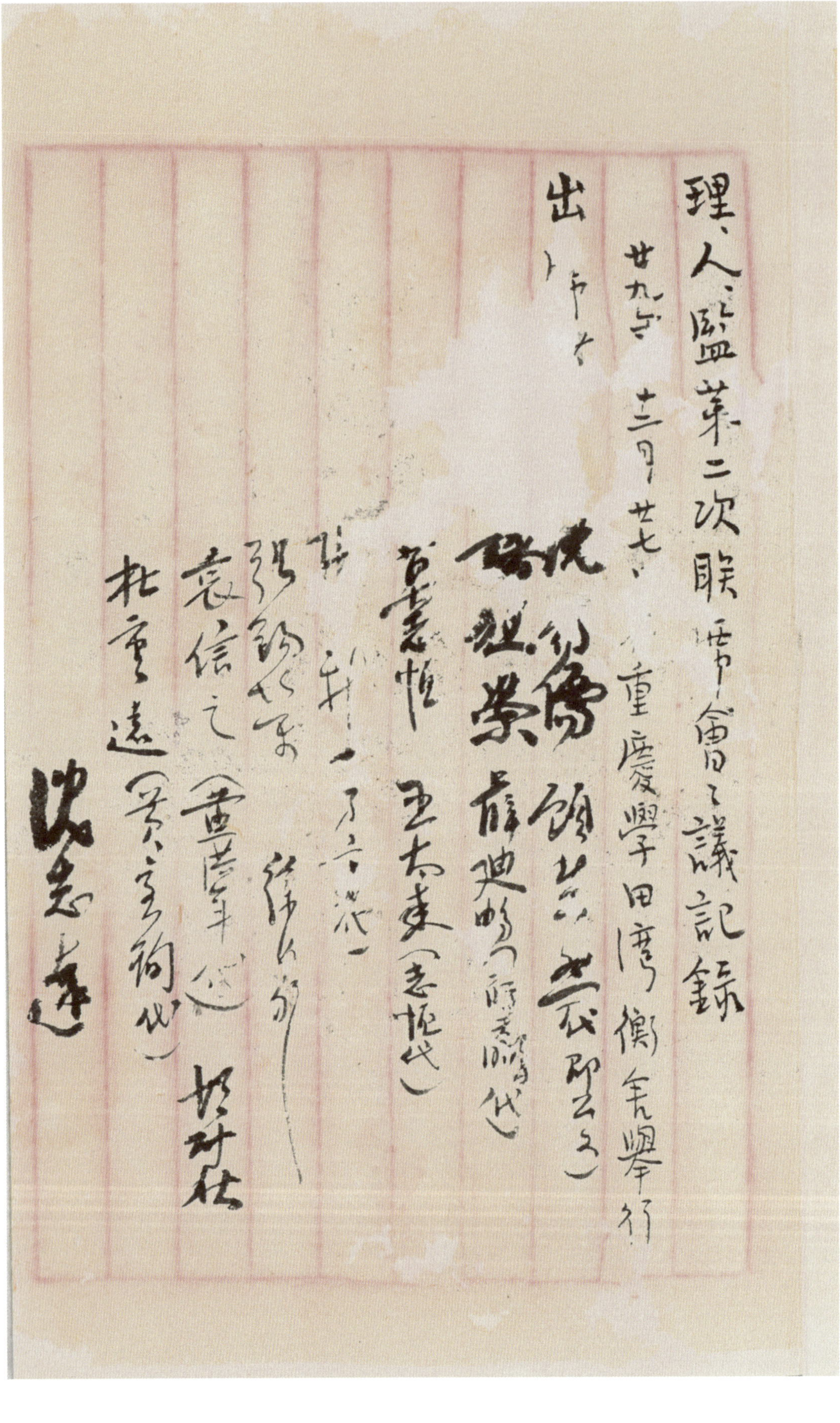

理人、監事第二次联席會議記錄

卅九年十二月廿七、重慶學田灣衡舍舉行

出席人

沈鈞儒　[illegible]（[illegible]）

[illegible]　薛迪暢（[illegible]代）

[illegible]　王太来（志恒代）

孫[illegible]（[illegible]代）

張錫榮　徐伯昕

袁信之（[illegible]代）　[illegible]

杜重遠（[illegible]代）

沈志遠

廖庶謙（[illegible]代）
胡愈之（胡繩代）

主席　鄒韜奮
記錄　張錫榮

報告事項：

主席及總經理報告、

一、社務方面

1、廿八年下期決算，虧一八、一二五·五五元；實虧累，[illegible]
元因其中經費紙張騰漲三一、三七六·五五元。

二、加强社務領導已擬草案，組織社務委員會；訓練新

社员；吸收社员加股；选拔中坚干部。加强社务领导之
工作，由总务部进行之。
3、廿年到廿五年书业之盈余分配，改按每年平均分，即
每年一万元。
4、通过社员、伸张之；许以觉民。
5、合作事业：华北、皖南、苏北；西南；建中；三八；妇生；
理定。
6、如敌进逼陪都，我店应有之准备。
7、江北新屋尚未购妥。
二、业务方面

營業年下期各處營業及開支預算。實際營業及開支
狀況，營業大致均達到計劃或超過計劃，開支都大
致超過至二分之一以至一倍，開支中以膳食与津貼兩項
加最多。總收開支平衡。
2、卅年度編審計劃爲八百萬字，包括會計簿記，商業
叢書六部之一部份，抗戰小說選，資本論解釋，中國通
史，讀法，新名辭字辭典，袖珍字典等。其餘移待
不果，文陣復刊。
3、造貨年下期計劃重版書五百萬字，新書二百萬字，
每種平均三千本，實計造出，新書共六種，重版書共

種類存貨計劃，但字數及册數未達到計劃，相差三分之
一以至一半，因資金困難，未能造出。
4、改訂定價：依新聞紙每頁九厘至一分，卅二開書籍六號
每頁六厘，五號七厘五，報紙一分至一分二。
5、各店營業情形：港店自廿六年八月起，營業日漸擴大，最
近國際局勢緊張，已接受多數書人廿萬圓生意之提
議，以港幣二千五百元出盤。曲店因主持人營私頗受
損失，營業頓陷，於十二月書被炸燒毀，損失約三萬元。
韶州存貨萬元之，被沒收一部外，餘貨遷運桂。該店整
理已上軌，該店貨源供給日益困難。星加坡已結束

範圍，貨源供給受英政府限制，以每區準備獨立經營。

6. 運輸：戰事因柳貨未被分撥梅、曲、桂一部份待搶運，港曲線通暢，於繼續利用，港渝航路在設法中。

三、人事方面

進十二人

總處 沈雁冰先生 編委 一五〇元 十二月起

顧詩靄 讀者顧問部 一〇〇元 十一月一日起

莫 原 編校 四〇元 十月二十八起

曹 吾 全杭 一 十月十四起

解子玉 前辞職，十二月十七日復職印刷科

渝店甯赴枷 發行 十二元

秦天苓 文書 八元

岳桂明 文具 八元

姚光芝 已停止試用

蕭志愷 已停止試用

李 濤 前辞職，十一月八日起復職

滇店黃澤華 郵購課 二十元

馮克昌 十一月廿一日

蓉店陳崇禮已停止試用 十月十五日

朱欽愷　服務生

退廿八人

渝店　王大煜　九月廿八日辭職，因去開店

孔東海　九月廿一日因工作不力停職

陳永徒　九月卅一日因工作不力停職

刘　新　十二月十日因工作態度及成績不佳停職

謝之珍　十二月十二日因工作能力及成績不佳停職

蘇有餘　十二月一日辭職，因父命歸

桂店　程樹章　辭職（九月）因欲高薪

金偉民　九月辭職，自開店

蘇尹銓　辭職，因謀高薪

沈一辰　九月廿日停職

王煥洪　十月廿日停職

滇店方儒題　九月停職因工作不力。

嚴醒夫　九月辭職因戀愛問題

劉嘉坤　十月十日辭職

曲店嚴長慶　九月廿日辭職

聶會楨　九月辭職

陳云才　十二月辭職

馮成毅、王產元辭職

滬店 劉桂璋 九月底辭職
港店 汪梓端 章德宣 何求
談春苑 丘銘陽 吳芹
等六人因店收歇，介紹職業
蓉店 顧根榮 十月十八日辭職未准
筑店 王方綏 十月廿日辭職
調十七人
張錫榮 渝店調總處總務部 十二月十九日到
諸祖榮 桂店調總處營業部兼渝店經理十二月一日
顧一凡 閩店收歇後調渝店營業課

嚴永明 由立煌調渝 十月十五日

邰公文 由總處調桂店經理 十月十四日到

彭朝惠 由蓉調渝

張明西 由永調桂

袁文興 由港調桂

趙曉懋 由港調桂

周遇春 由港調桂

卞鍾俊 柳店調曲店經理

姚廣源 曾調曲 仍調回桂店

呂桐林 由港調桂 十一月三日到

周幼瑞　由滬運貨到梅　十一月廿四日到

馮景耀　由港運貨到桂　十二月十二日到

瞿曉明　由港運貨到桂　十二月八日到

卞祖紀　由滬運貨到桂　十二月十三日到

請假四人　銷假三人

沈俊元　由桂請假返滬　九月三十日起

甘蘧園　休務請假二月已准，離港去星。

閔　適　十一月廿五日銷假調總處

許彦生　十一月廿七日銷假返渝店

施勵奮　一月在滬店銷假復職

2. 七月份加薪之执行：

渝店丁希馬六元、鍾学海六元、張錫文八元、王寬才六元、嚴永明八圓（十月起）田裕昆四元、王信恒四元、程之積二元、方学武四元、仲秋元；蓉店賀泳先八元；滇店李亦方八元；桂店姚廣元八元、姚錦元四元（均九月起）；總處程浩飛十八元、邱正衡十二元、陳正為八元。

3. 生活津貼之變動。

4. 調動旅費，如继續服務不滿一年者須收回。

5. 稽核員畢雲程先生自一月起停支薪水。

6. 張春生接春照進。

7.卅年一月份加薪原則：八十元以下者普遍增加，以上者不加，但取消折扣，職員起薪額改廿四元，增多薪水總額每月預計壹千元。

8.重要負責人准開車馬費，營業萬元之分店經理廿元，二萬元者四十元，三萬元者六十元，總經理一百元，編審主任五十元，一律實報實銷。

9.家屬膳食津貼，凡超過廿五元者均照貼，以母、妻或夫、子女無業為限（尚未执行）

10.獎董文椿一百元。

討論事項

一、整理津貼問題；

二、卅年一月份加薪問題；

三、第七屆選舉籌備案；

四、卅年度營業方針案；

五、沿海區整頓問題；

六、推定常務委員三人案；

七、加强社務領導問題；

八、黃孝顏津貼案；

九、資金問題；

十、嚴長慶、邵根華犯規案；

十一、變更本會會期案；
十二、世界知識出版問題；
十三、援救杜重遠先生案；
十四、推薦畢雲程先生為名譽社員案；
十五、孫明心、孟尚錦、陳錫麟、趙曉恩、甘蘧園職務問題；
十六、曲江損失案。

決議事項、

一、根據廿八年本店決算及廿九年營業開支情形，本店經濟狀況甚為困難，為節省開支以支持本店事業起見，對於原定各種津貼辦法，酌量其輕重緩急，加以整理如下：（一）戰時生活津貼辦法、預支薪水及借款辦法、職員調動移眷旅費津貼辦法及撫恤辦法，應仍予保留。（二）有眷屬員工住外津貼規則、工作人員接眷旅費津貼辦法、求學津貼辦法及回家旅費津貼辦法，應予暫停施行，待經濟狀況好轉時再議恢復。（三）家屬膳食津貼辦法應改為家屬米貼辦法，領受者以無業之夫、妻或子女為限，每人限領一份，以當地兩斗中等米價價格超過十元之數作為津貼之數，細則另訂之。（四）穿着制服暫行辦法仍予保留，但未經試用期滿之員工不得享受，須加以修正。（五）醫藥津貼仍予保留，但其津貼數量應以物價高低而有不同，應加以修正。
六、本店同人薪水，規定每半年考慮增加一次，卅年一月份，決定參照去年終舉行普遍加薪，舉行一月份普遍加薪之原則如下：（一）薪水在八十元以下者，一律考慮增加；（二）薪水在八十元以上者暫不增加，但改訂折薪辦法，特殊加重職責者則另作特別考慮；（三）職員之起薪額提高至卅四元；（四）額定加薪總額約為每月一千元。加薪辦法：（一）根據考績表、調查表、報告表及已定之薪給辦法辦理；（二）加推人事委員莫志恒、諸祖榮、顧冀然（假卸後遞）會同總經理及總務部主任組織一特種委員會，設計具體分配事宜；(三)經本會常務委員會擬定後執行之。

三、本店第七屆選舉領導機構事宜，責成常務委員會按照條例進行籌備，限於卅年一月十日前完成，但其候選人名單應經本會決定後提出之。

四、卅年度營業方針，在於加強商業性，加強運輸工作，加強經營副業，分店獨立經營之原則，先在沿海區開始試辦。

五、本店沿海區業務，自負責人離職，香港分店出盤後，情況更形混亂，新加坡開支浩大，該店營業不振，香港無人處理事務，實有從速加以整頓之必要，滬編審工作上，不健全，对於原定之各種计划進行至何種程度，如何進行，須加以切实查究，如未能满意，應提交常會議處之，香港為交通及造貨之據点，應從速設法立辦事處以便處理日常事宜，

六、理人、監联席會議会期，今後改為二月一次，常會決議案，由與會委員於会後分别轉告未参加常會之委員，以資溝通，

七、加強社務領導案原則通過，细則尚待另訂，实行時須注意避免可能引起之誤會，宜多採用業務上之方式進行，限於卅年二月份前，在渝地開始試行。

八、上海黄孝蘋因事於廿七年冬曾一度因公受難，体弱多病，本店按章予以医治，並按月照給薪水。茲據黄同事來函稱，已在鄉間家中舉行結婚。此足以証明黄同事健康業已恢復，應自卅年一月起停止享受医藥貼及病假辦法，在未恢復工作前，暫作留職停薪處理。

九、本店需要增添資金，但以處此戰時，出版事業獲利微薄，資產者皆不願投資，茲擬以下述方式設法增添資金：(一)由本店劃出一部份資力及人力，創辦一教育用品社，資金约十萬元，向外募集，獨立經營文具之進運及批銷。(二)以建中印刷公司名義，述明規模，擴充計劃，向振濟委員会請求幫助賞金。

十、嚴長慶同事於廿九年在任曲江分店經理期內，營私舞弊，查有確據，應予停職處分，郎振華同事於廿九年在任金華办事處負責人期內，營私並侵用公款，查有確據，應予停職處分。

十一、理事会加推胡繩参加常務委員会，人事委員会加推諸祖榮参加常務委員会。

十二、據「世界知識」主編人金仲華先生來函，謂「世界知識」業已移交香港國際政治研究会出版，此事本会未能同意，並議仍歸本店繼續出版，至低限度採用合作方式共同經營出版，並責成總經理照辦。

十三、本店理事杜重遠先生，在新疆文化界服務，受奸人作弄，被省當局拘押審訊，含冤莫白。重慶文化實業各界領袖如張仲老等聞訊後，已一再去電疏解。本店擬以全體同人名義，致電盛世才主席，解釋誤會，予以援救。

十四、畢雲程先生原任本店稽核職務，至廿九年十二月底為止暫行停止。本會擬推荐畢雲程先生為名譽社員，按章向下屆全體大會通信提出之。

十五、孫明心同事於廿九年五月十六日提出辭職，本店曾予挽留，查孫同事已任職香港星群書店，孫少回店希望，應准予辭職。孟尚錦同事於廿九年六月廿八日在任職昆明分店經理期內，擅離職守，查孟同事曾受最後警告，此次應予停職處分。陳錫麟、趙曉恩兩同事，在廿九年六月十六日提出辭職，本店曾予挽留，茲據事實所見，兩同事在香港任職期內，實工作不力，且不忠於店，應予停職處分。甘遽園同事任期已於廿九年十二月卅日期滿，未來續任，據各方報告以及事實所見，甘同事實已不願繼續工作，應作自由离職論，停止職務。

十六、曲江分店於十二月十五日因敵机轟炸焚燬，損失約計三萬元，造成此次損失之原因，根據調查所知实由於未先毫無防空準備，事發未能及時搶救所致，曲店經理卞鍾俊給總處之報告，與事实頗有出入，此事應詳細調查後由常務委員會按照規章議處之，

主席 [illegible]

理人監第三次聯席會會議記錄

開會日期：三十年一月十四日

開會地點：重慶学田灣衡舍

出席者：韜奮 莫志恒（胡耐秋代） 胡耐秋

張又新（学武代） 袁信之（[illegible]代）

薛迪暢（天鵬代） 邵公文（一九代）

張錫榮 諸祖榮 徐伯昕

杜重遠（[illegible]駒代） 王泰雷（錢[illegible]代）

廖庶謙（元代） 沈鈞儒 沈志遠

主席 鄒韜奮

記錄　張錫榮

報告事項

總經理徐伯昕先生報告

下屆選舉將至，本會應按照民主集中制原則，提出候選人名單，此項名單已由常務委員會擬定，請本會審核通過。一部份題雖符合條件之社員，因參加店外工作，恐因此妨碍本店業務，是以未曾列入。本屆選舉時共有社員一百五十六人，在一年中，出社者計五十人，而入社者僅十人。現尚有一部份準社員未予審查，而尚有一部份社員須作出社之決定。

討論事項：

一、通過候選人名單案；

二、通過新社員案；

三、陸石水、羅潁、楊賡福、畢青出社案；

四、參加營外業務之社員權利問題。

決議事項：

一、根據常務會所提之草案通過候選人名單如下：

理事 鄒韜奮 徐伯昕 王泰來 艾寒松 邵公文

諸祖榮 卞祖紀 胡連坤 胡繩 金仲華

胡愈之 沈志遠 沈鈞儒 黃任之 杜重遠

王志莘 沈雁冰

人事委員黃寶珣　張錫榮　薛迪暢　周積涵　薛天朋
　　張又新　莫志恒　顧冀然　方學武　胡耐秋
　　馮一予　賀承先　程浩飛　施勵奮
監察委員沈百民　包士俊　陳其襄　畢雲程　瞿悦明
選舉手續按章進行，推定張錫榮　胡耐秋為收票人。
六、通過新社員如下：
嚴永明　廿八年六月進店
周啟治　廿七年三月進店
薛天鶴　廿八年五月進店
陸杏寿　廿七年八月進店

三、陸石水、羅穎、楊賡福、畢青，擅離職守，應作自由離職論，停止職務。

四、本店社員調派參加店外業務者，其義務與權利並未變更，但於目前環境特殊，為本店事業之利益起見，決定未將各該社員列入候選人名單及全体社員名單。此種原因，須向各該社員解釋，使之諒解，關于各該社員當另定具体辦法，予以特權，可隨時預問本店業務計划，由領導机構個別解答，以資聯繫。

主席 [signature]

生活出版合作社

理、人、监联席会议常务委员会记录

第一册

理、人、監联席會議常務委員會記錄

理、人、監聯席會議常務委員會第一次常會會議記錄

廿九年八月廿六日下午二時（至七日上午十二時）在唐家沱總處舉行

出席者：韜奮　邵公文　松凡　徐伯昕
胡耐秋　張錫榮

主席：鄒韜奮

記錄：張錫榮

一、報告事項：

總經理徐伯昕先生報告。

關于新機構的變動，業務方針的新決定，以及工作時間之延長與新薪等問題，已分別通知各店辦理，並將在本期店訊內有詳文說明，議決案並摘要公佈。

关于执行决议案情形：

A、理事会通过新社员九人，已分别通知。

B、通告各店附筹款计划与新预算。

C、江北新屋已完工，共计约造价六千五百余元，由本屋拨出部分，利用他方之，

D、筹款事尚未进行。

其他方面：

A、已将邹韬奋先生遗稿编整出售。

B、通告各店，「理论」、「妇生」、「国际」自二卷二、九卷八、四卷一期起均折

另，以后售价以照进货记帐。

C、各杂志征订宣传，每月八厘至一分。

4、存货保管及损坏赔偿之改由分店负责保管，如有出遗损失，由主管收货处各事负担，并须加紧注意，将各店存货以新价收发后结转总处，然后再以新价发给各店。

二、讨论事项：

1、下半年新书及重版书造货分配案。

2、整顿内地各分店业务及收支预算案。

3、分店经理出席案。

4、沿海各独立社计划及预算案。

5、七月份局部加薪案。

6、加强社务领导案。

7、各地生活书店牌号变动案。

8、总处预算案。

9、下年度编审计划案。

10、常委会加聘组织案。

11、编审会增加人员及工作支配案。

12、总店出版部及各处出版部之合作办法案。

13、廿年下期至廿五年止盈余分配计算办法案。

14、仲彬之社员资格案。

15、冯宾符、崔怀晓信呈复案。

16、出征同人要求停止缴纳保障储金案。

三、決議事項

1.通過廿九年下期重版書、新書及什誌選題分配辦法如下：依照本年度下期預算，重版書定為五百万字，每種平均以印三千冊計算，新書定為二百万字，每種平均以印二千冊計算，兹將其分配及進行辦法說明如下：

(1)重版書分配如左：重版書五百万字，計分印雜誌性物件、青年叢書、政治經濟學、備論等暢銷書及常銷書共計三十種，約計五百五万字，以湘、桂、滬三地印造，上海計印二百四十五万九千字，内地計印二百五十九万三千字，(内包括桂一百卅九万七千字，湘一百十九万六千字)，共造八万二千冊，總值為廿二万二千

二百萬元，共需造貨款本幣總額為元
內地發　　元，由生活撥桂　　元，渝
元，此項重版造貨暫定分四期完成，自
九月份起，總店每月須匯款　　元，桂林每月須撥款
元，重慶每月須準備　　元，本版清
確定後，即日起通知各地先將已存有紙型者，提前印造，其餘
限期於一個月將紙型分別調齊，以便在次月起陸續提印。
如遇有暢銷書而僅有紙型一付，並已不能再印者，速將樣
書交由作者限期在一個月內修正完竣，以便重版改打
紙型兩付，俾得將來分區運用。四、新增發稿，本版

销货额提高二成，应为六百万字，依上列办法，当溢出六

十五万字，可作预备数字，待各店存货帐办理完竣，

视实际缺货情形，再定补充。以沪地印造之原则，则沪地

印造数字，为一百七十八万六千字。

（二）新书出版数字：本年下半年新书造货数字，设定

为二百万字，此种印数，平均以三千册计算，照下半年本

版销货额提高二成计算，约需二百四十万字，查历来印

之稿，除已决定不印者外，计共卅七种，字数为二百七十三万字，

印数为七万五千册。包括上海造货字数为二百四十六万字，内

地六十七万字，其中由桂林印造者计卅八万二千字，重庆

印造书本卅八万八千字，造货总值约计共　　　　元

若需造货成本　　　元。

（三）编印书籍造货，其分配情形，列表如下：

1. 上海造货字数　四，五一九，〇〇〇字

　新书　二，〇六〇〇〇

　重版书　二，四五九，〇〇〇

2. 重庆造货字数　一，五八四，〇〇〇

　新书　三八八，〇〇〇

　重版书　一，一九六，〇〇〇

3. 桂林造货字数　一，六七九，〇〇〇

　新书　二八二，〇〇〇

　重版书　一，三九七，〇〇〇

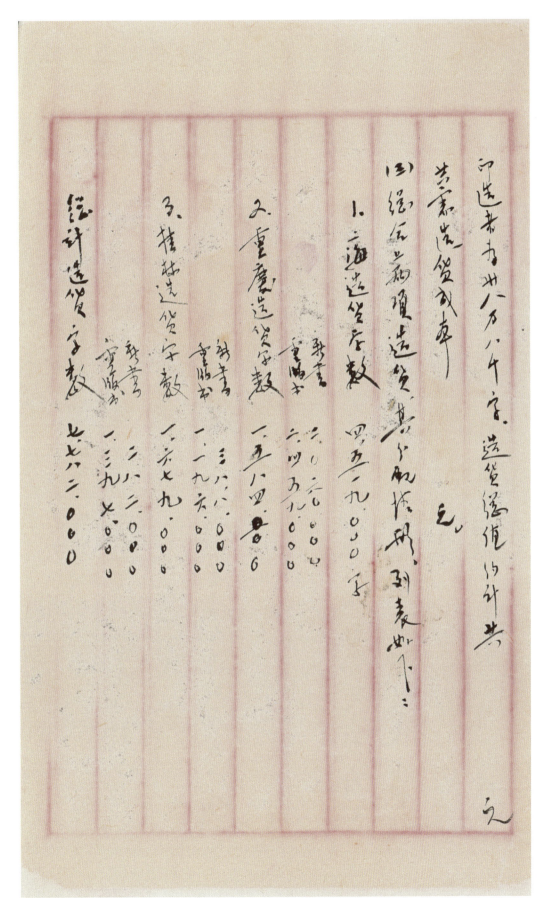

总计造货字数　七，七八二，〇〇〇

（四）根据最近造货成本，将重版书与新书两种折扣

新书 二七三〇、〇〇〇
重版书 一九、〇五二、〇〇〇

共六五五册定价之比例，并将经理部之结合情形，如下：

①假定重版书造货三千册，照重庆印造成本及定价

其比例为：

定价100%　印刷费32%（印工24%　纸张56.5%　印工及其他19.5%）　版税12%

照书每册成本，连合印刷费及版税两项，其成本之

为四四折。批发价分店以七折计算，除去四四折

成本及邮费5%，仓储毛利11%，即总管理处之

支推广费及利息等项。如是类计算，版税在

宣传等与印刷成本之比率为38%。

㈣假定新书造货五千册，如重行印造，成本及宣传其比例为：

宣传100%　印刷其它40%（排工13.5%　白工20%　浇版纸型5.5%）　版税12%　纸工及其他10.5%

如每年新书成本连同印刷费及版税两项，其成本之为五二·八折，以发行价七折计算，除去52%成本及邮费50%，仅余毛利10%，未计各区管理处之开支推广费及利息等项，以上尚计版税在宣传中不印刷成本之比率为20%。

㈤照下半年营业额，如地区本版书增加两成为二七三,〇〇〇.〇〇元、以重版书五百万字与新书三百万字之比例，书价每万字七十元，每百万字一册，则重版书营业额为一〇〇,〇〇〇.〇〇元、新书营业额为八二〇,〇〇〇.〇〇元、照上述成本计算，重版书赢利为八四,〇〇〇.〇〇，新书亏损为四六〇,〇〇〇.〇〇元、两者共亏一二六,〇〇〇.〇〇元以下期营业总额二七三,〇〇〇.〇〇计算、其中平均成本为四六.〇〇折，照七折发给分店，除上述成本及邮费5%（一三六五〇元）推广费及利息各5%（一三六五〇元），仅余24%为总处开支及损失等各项之活动余地。

⑭照本版书营业额增加两成之预计，每月营业额

為四五〇〇〇〇元，如此項營業額能達到時，實際上恐有困難）而總處開支又能不超過卅%，則每月六二五〇〇元時，則總處在下半年可獲贏餘約二〇〇〇〇元。

（四）該處係靠新書之利益計，請將卅二開每面定價由內地印刷者增加為六厘，上海印刷運至內地者增加為壹分，則可將新書、教本等定價之比例改為折扣，發貨數量減少至五%，或較可維持。

2、關于整頓內地各分店業務及建立收支預算問題，八月書總經理致各分店經理公函並擬定細節辦法，徵求各分店經理之同意，本會予以追認，原函及社常務會記錄如下：

廿九年下半年度營業檢討，業已擬就，茲特抄奉一份，希注閱。依據過去的經驗，分店業務經營歉多不得其法，以致勉維開支已不容易，甚有虧損者亦比比皆是。本年起貨無疑地是增加了分店的困難，其結果必然是促發困難，總書店遠處後方，對外版無力設法促進，手足又感不靈，造成分店的經營業務資金者，始構成本店整個業務上之困難的因素，尚不止此，但分店不能幫助總處，又分社亦係重要因素之一。所以今後之計劃，必須針對事實，力矯此弊。而分店業務，首先要予種種整頓，務使每店均能有餘利幫助總的經濟。因此今後經營分店必須著重商業性，營業額儘量提高，開支則竭力節省，並再擬定以下重要原則如下：

（一）營業標準成制。總社根據分店過去營業情形，擬訂初步計劃，交由分店討論，經分店負責人同意後，即作為該室之計劃，分店必須以全力執行完成，並訂立獎懲辦法。如能完成計劃而有盈餘者，即將盈餘提出若干作為該分店同人的獎勵金，如果不能達到計劃，因無充分之理由者，即應受相當的處分。至於詳細辦法，責成營行擬行。

（二）限定銷貨折扣。過去的情形，本版書刊的銷貨折扣，竟有佔全部本版書刊銷貨額百分之二十以上者，因此本吃亏甚大。现假定本版书刊，一半为门市邮购零售价发售，一半为批发，其折扣又假定均为八折，则一万元本版书刊的销货折扣至多仅一千元，以今后规定本版书刊之销货折扣，至多不得超过全部本版书刊销货额的百分之十。

（三）严格执行统一决算办法。过去各店的决算办法，颇不一律，有的为了造成有盈余，或则提高存货折扣，或则将应作开支之营业费及折旧等不计，致造成失实使得盈余非真正的盈余。今后的决算办法，必须做到存货应照固定的折扣计算，转存什器，规定不作为存货处理，另業務擴張需要之二十四年止。每期決算結果遵照合作社規程所規定之辦法辦理。

(四)存貨因各店自行負責管理。因為存貨既係本店重要的財產，就不能不保管或不去好好的關心，損失甚大。過去某些分店認為存貨既係總處的財產，如有損失概歸總處負担，分店毫無責任，甚或有可使可能挽回之損失，亦因其不注意而發生更大損失等情形。故今後凡發交分店之貨，即可作為分店向總處之借款，如有缺少或意外損失，分店應負担其數目。須將經收的物件檢查，如屬廉價發售等情，亦須詳細核報。其確係檢查遺失之價錢，同樣處置

详细抄报总处，俾在处理版税时有所依据，

并正确估计。

（三）机关解款难及汇解时期，吾店解款至总处常系

迟发支，汇费至大，故今后解款数大规模店须七天

还出，普通店汇解时期每星期不得超过七天，如在遥远地

数时，至多不得过十天，并不得时续时断汇，以便集中运用，俾各

店得不致中断。

（六）各分店要选其中均开始试行兼营文具，以谋盈利补偿书刊

上的损失，如版书刊亦予充实，其资金及具体进行

步骤另行妥筹计划。

七、各種表報必須準期填寄。過去各店按期應填之表報，常有間斷或不能準期，影響總務之不能按期統計，各店實際情形之不能了解，對業務無法研究改進。今後各店人手配合後，必須做到所有重要表報，如營業旬報表、現金收付旬報、工作旬報、應隨會議紀錄，及收貨通知單、每銷月報表等務必在截止期五日內按期寄出，以便統計備查。

八、批發集體計劃，提高工作效率。除此次總處擬定之社務發展及擴大之工作要點，必須經過店務會議討論，如何完成此項計劃，並更進一步根據各店所處實際情形，提出更具体的营业计划好。今后更有每月报告计划及预算程加检讨，实行定额制如何规定，以及工作进程中之优点与缺点，并务以增强同人对业务之深切体验熟练而提高其工作效率。

三、上述要点之外，如何营业方面如何提高，开支方面如何节省，销货折扣如何能不超过规定，统一办法，如何以严格执行，存货如何妥慎保管，解款如何能准期，文具如何改进，经营各种表报如何能准时填寄；加强集体讨论，各位如何进行等事而提高效能，会议详加讨论，如有意见，即请见告，以便作最后决定俾供

实施。至于出版前应该准备之工作，如编审计划、造货计划、组织

及运输问题等，亦当配合各店之实际情形，努力完成。尤盼

今后在经理处和分店之间，分店与分店之间加强联系，互相督

促，互相勉励，务期如期完成计划，超过计划，俾使本店事

业早日稳定，迅速发展，然后更集中力量发展，而获达成

目的，更能在全体同人的能力经验努力，为完成合作事业

本店业业前途繁荣光明，使合店业务无限的发展，

以及同事们的健康！

[illegible]九周年[illegible]

[illegible]

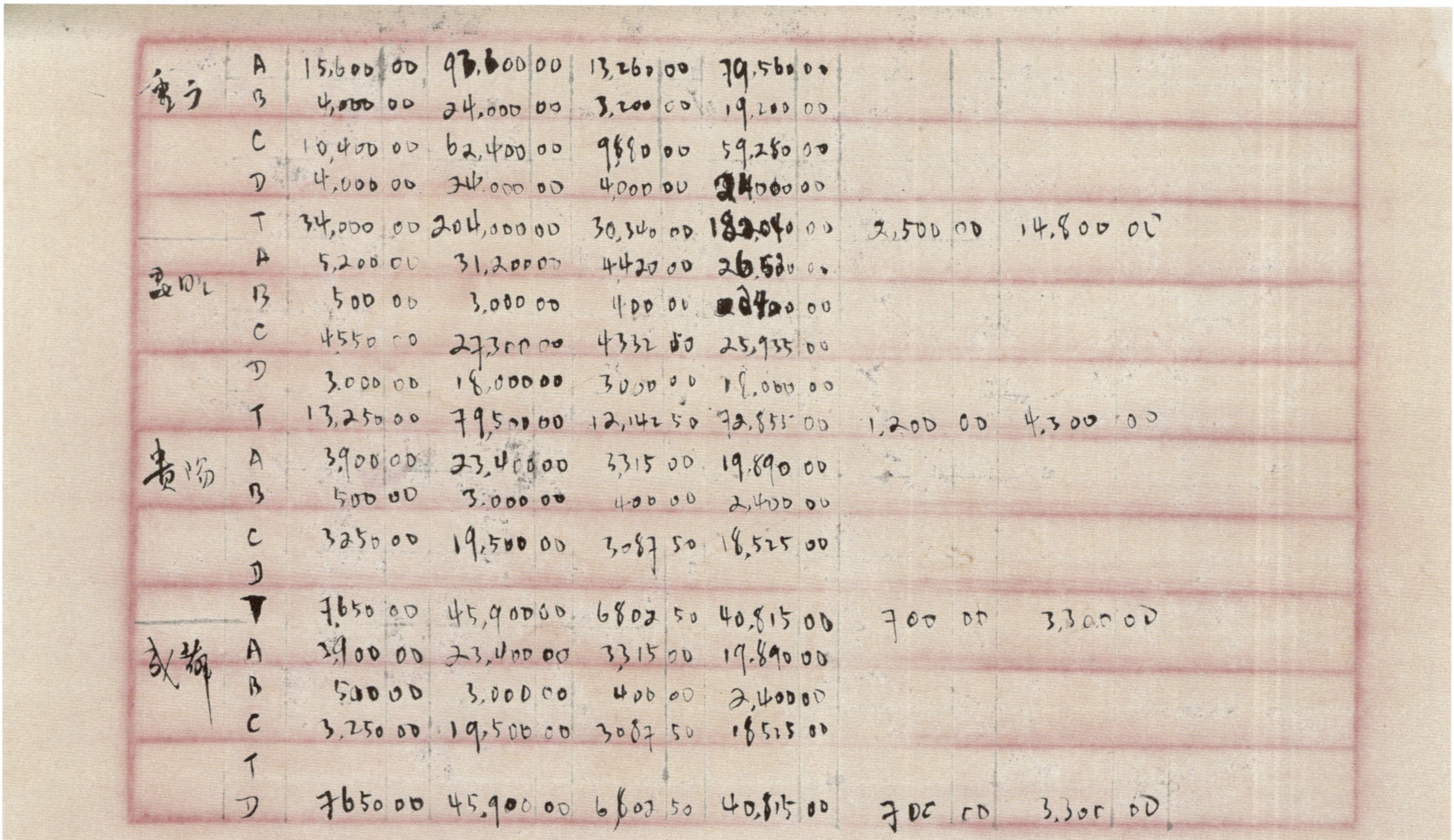

重庆	A	15,600 00	93,600 00	13,260 00	79,560 00		
	B	4,000 00	24,000 00	3,200 00	19,200 00		
	C	10,400 00	62,400 00	9880 00	59,280 00		
	D	4,000 00	24,000 00	4000 00	24,000 00		
	T	34,000 00	204,000 00	30,340 00	182,040 00	2,500 00	14,800 00
昆明	A	5,200 00	31,200 00	4420 00	26,520 00		
	B	500 00	3,000 00	400 00	2,400 00		
	C	4550 00	27,300 00	4332 50	25,935 00		
	D	3,000 00	18,000 00	3000 00	18,000 00		
	T	13,250 00	79,500 00	12,142 50	72,855 00	1,200 00	4,300 00
贵阳	A	3,900 00	23,400 00	3,315 00	19,890 00		
	B	500 00	3,000 00	400 00	2,400 00		
	C	3250 00	19,500 00	3,087 50	18,525 00		
	D						
	T	7,650 00	45,900 00	6802 50	40,815 00	700 00	3,300 00
成都	A	3,900 00	23,400 00	3315 00	19,890 00		
	B	500 00	3,000 00	400 00	2,400 00		
	C	3,250 00	19,500 00	3087 50	18,525 00		
	T						
	D	7650 00	45,900 00	6802 50	40,815 00	700 00	3,300 00

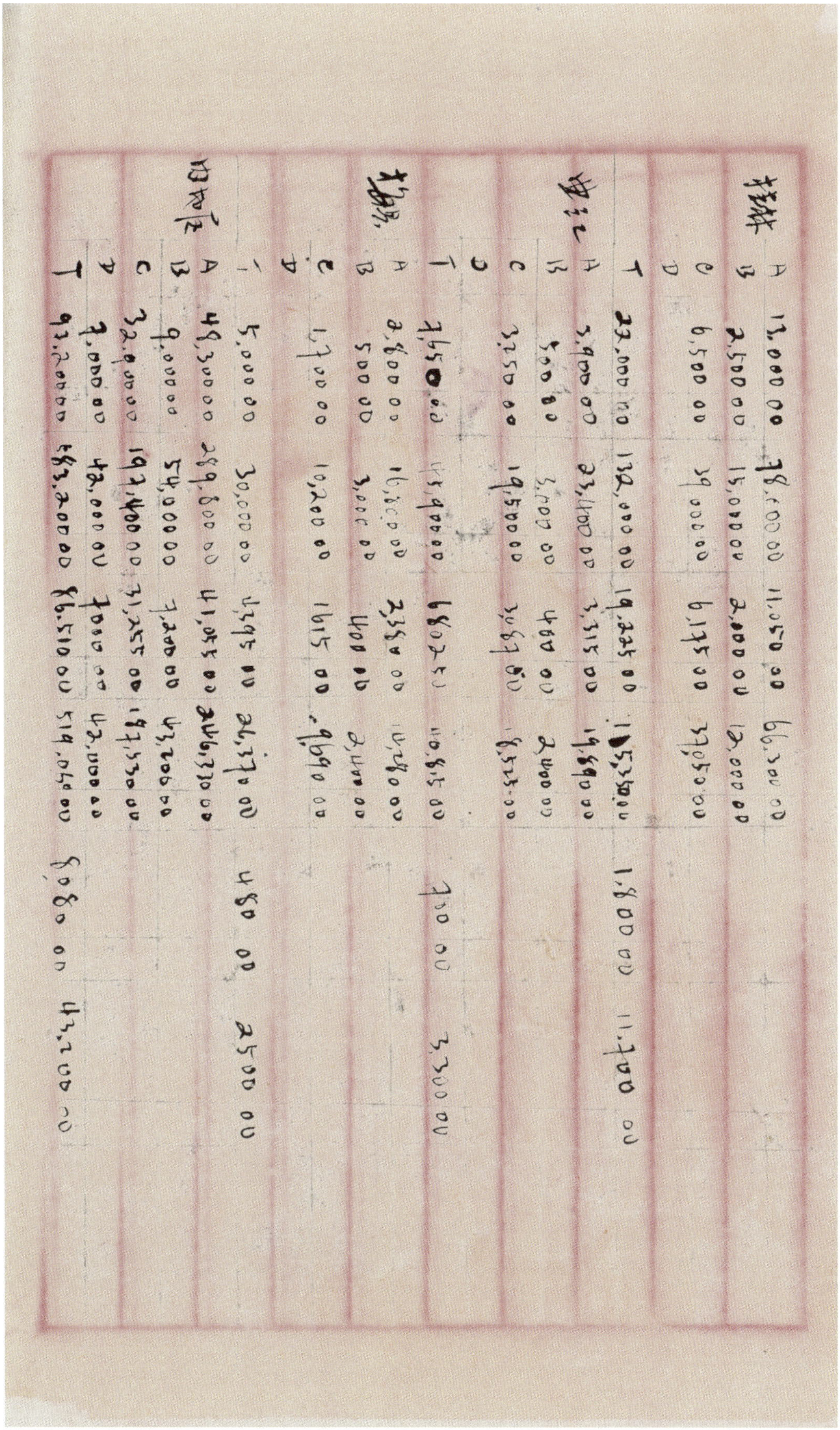

桂林	A	13,000.00	78,000.00	11,050.00	66,300.00		
	B	2,500.00	15,000.00	2,000.00	12,000.00		
	C	6,500.00	39,000.00	6,175.00	37,050.00		
	D						
	T	22,000.00	132,000.00	19,225.00	115,350.00	1,800.00	11,700.00
曲江	A	3,900.00	23,400.00	3,315.00	19,890.00		
	B	500.00	3,000.00	400.00	2,400.00		
	C	3,250.00	19,500.00	3,087.50	18,525.00		
	D						
	T	7,650.00	45,900.00	6,802.50	40,815.00	700.00	3,300.00
梅县	A	2,800.00	16,800.00	2,380.00	14,280.00		
	B	500.00	3,000.00	400.00	2,400.00		
	C	1,700.00	10,200.00	1615.00	9,690.00		
	D						
	T	5,000.00	30,000.00	4,395.00	26,370.00	480.00	2500.00
内地区	A	48,300.00	289,800.00	41,055.00	246,330.00		
	B	9,000.00	54,000.00	7,200.00	43,200.00		
	C	32,900.00	197,400.00	31,255.00	187,530.00		
	D	7,000.00	42,000.00	7000.00	42,000.00		
	T	97,200.00	583,200.00	86,510.00	519,060.00	8,080.00	43,200.00

卅三年下期营业开支概算说明

一、各数甲为本版书，乙为代销，丙为外版书，丁为文具，戊为合计。

二、本版书照八五折计算，外版照九五折计算，代销照八折计算。

三、各店营业，以开支自给也。渝8%强，滇10%弱，筑10%强，蓉10%强，桂10%弱，曲10%强，梅10%强。

四、各店解总处货款，仍以每月本版以及代销所收入总数提存除去10%开支之余额，作为应解总处之数。

渝14,800.00 滇4,300.00 筑3,500.00 蓉3,300.00 桂11,500.00 曲3,300.00 梅2,500.00 总额为43,200.00

五、各店开支细数，另制别表。

六、滇、筑、蓉、桂四店，拟另筹款万元，扩充纸张文具，滇桂各三千元，筑蓉各二千元，此项特别款暂不收入，希望在纸张文具后，由他店下期营业节余出五千至万元。

3. 今後各分店營業與開支均當計劃，其達到或超過計劃者，應由總經理下抽取若干作為該分店全體同人之獎勵金。其未達到計劃但其開支節省能與營業相適應而仍有盈餘者，亦予相當之獎勵。未達到計劃而有虧損者，應予該分店全體同人以警告或停止加薪之懲戒，此項辦法之採取在促成計劃之實現，以鞏固本店事業之基礎，待擬定後再提本會討論，並徵求各分店之意見後決定之。

4. 決定總編處獨立工作計劃大綱及收支預算如下：

總編處獨立工作計劃大綱

第一，總則

（一）以后每区为适应各地局面远东形势之激变，本总管理处规定之原则下，或全由区管理处，独立管理一切业务。俾凡人事及经营物价等得随时由区处权度，报告总处。

（二）区处每半年须拟具营业计划书、营业及开支概算书，提请总处核准后，于每半年对计划之完成情形及营业开支决算，均须按期报告总处。

（三）区处对于本区内各店人事之处理，得根据总处之各种规章办理，报告总处追认之。

（四）区处为便于造货及进货工作，得设于上海。

东二　管理

(一) 將滬區各店所有掛外版存貨，至於八月底盤查清楚，作為總處補發區處之存貨，其售出價之資金悉歸總

(二) 區處進貨或本年度維持困難，其出售之資金分存店，或作區處管理費，或交總處作為支付版稅等用。

(三) 內地各店抽送之貨，照成本付價，運費由內地店負担，另貼給區處手續費為百分之二。

(四) 區處代內地各店採取外版貨，係代進外版貨總額百分之二作為手續費，運費由內地店負担。

(五) 滬區各店盈餘之數目，除以一部分留區處外，仍須以一部份交總處，以備查核。

第三 工作要點

(1)總店各店以力求開支撙節，維持生存為原則，但營業方式，得在不妨礙本店經營方針下酌予改變之。

(2)上海方面工作：

1.加緊對外進貨工作，充實內容，擴大各地推銷書刊，迅速布置，以提高門市營業；

2.發展淪陷區郵購工作，代辦各種書報什誌，範圍由淪陷地域可伸展至內地及後方各交通口岸；

3.擴大淪陷區出版工作，與各地新舊同業取得密切聯繫，代為推銷各種書報什誌，以辦理迅速為第一重要條件；

4. 推廣讀書月報及理論銷路，增收預定户，或設法自由定户收取資金；
5. 本版暢銷書必須印備充足，如因出版必有好標準者，得儘量用兄弟各業印行；
6. 上海對港寄稿及貨物供應，必須辦理迅速；
7. 編印發新刊及經售書目，分發郵購户及批發同業，以資連絡而推廣；
8. 內地淪陷區之進貨及運貨工作，在該項解決時，必須按指定計劃負責完成；
9. 經常辦理沿海與內地運輸線之溝通。

（四）港分店工作：

1.香港現任務處理本版書刊之推銷，兼辦海外郵購與批發，如在利益上合算時，再謀業務的擴展；

2.新加坡須加強本版書刊之推銷外，在環境可能時得偏重文具及進出口貿易之經營；

3.港分店應成為總處之販賣部，代理上海分店之讀者代辦各種書報雜誌及滙小額訂報等項。

第四 營業開支預算

（一）總管理處及各分店營業額總數達到十六萬〇三百五十元，而開支不能超過三萬三千八百二十五元，則各店年度共可獲純利九萬〇〇十五元

(二)详细营业及开支预算细数，列如另表。

另立附则

(1)本表细经由总经理核准后施行。

(2)在处管理详细之则另定之。

港渝国内各店按期下期营业支出比较表

店别		每月营业额	下期营业额	每月营业支出	下期营业支出	每月盈余	下期盈余总额
汉口	A	4,000.00	24,000.00	3,400.00	20,400.00		
	B	500.00	3,000.00	400.00	2,400.00		
	C	3,500.00	21,000.00	3325.00	19,950.00		
	T	8,000.00	48,000.00	7125.00	42,750.00	800.00	3300.00
香港	A 港	(2,400.00) 6,000.00	14,400.00 36,000.00	2400.00 6,000.00	14,400.00 36,000.00		
	B 港	(400.00) 1,000.00	2,400.00 6,000.00	400.00 1000.00	2,400.00 6,000.00		

	T 紙	2,800 00	16,800 00	2,800 00	16,800 00	780 00	2,620 00
	8	7,000 00	42,000 00	7,000 00	42,000 00	720 00	10,460 00
新版書	A 冊	400 00	2,400 00	400 00	2,400 00		
		1,150 00	6,900 00	1,150 00	6,900 00		
	B 冊	100 00	600 00	100 00	600 00		
		300 00	1,800 00	300 00	1,800 00		
	C 冊	700 00	4,200 00	700 00	4,200 00		
		2,000 00	12,000 00	2,000 00	12,000 00		
	T 冊	1,200 00	7,200 00	1,200 00	7,200 00	350 00	850 00
		3,450 00	20,700 00	3,450 00	20,700 00	9,050 00	5,950 00
讀書用	A	11,150 00	66,900 00	10,550 00	63,300 00		
	B	1,800 00	10,800 00	1,700 00	10,200 00		
	C	5,500 00	33,000 00	5,325 00	31,950 00		
	T	18,450 00	110,700 00	17,575 00	105,450 00	3,970 00	19,730 00
雜誌版						1,500 00	

註：一、還存貨價照四折計算，新存照三五折計算。

二、流動資金用四分，均按一元合國幣五角。

三聯海外各店卅九年下期開支概算

店別 分類	上海	香港	新加坡	三聯海外合計	國內收入
薪工	254 00	HK 53 00 國 212 00	叻 46 00 國 322 00	788 00	706 00
津貼	48 00	15 00 60 00	34 00 238 00	346 00	64 00
膳食	180 00	30 00 120 00	45 00 315 00	615 00	240 00
房租	140 00	30 00 120 00	160 00 1120 00	1,380 00	120 00
水電費	40 00	10 00 40 00	10 00 70 00	150 00	40 00
郵電費	20 00	8 00 32 00	10 00 70 00	122 00	30 00
文具印刷費	5 00	4 00 16 00	8 00 56 00	77 00	10 00
廣告費	5 00	3 00 12 00	2 00 14 00	31 00	5 00
交際費	4 00	2 00 8 00	2 00 14 00	26 00	5 00
捐稅	30 00	5 00 20 00	10 00 70 00	120 00	30 00
醫藥費	20 00	3 00 12 00	2 00 14 00	46 00	80 00
[illegible]	4 00	2 00 8 00	1 00 7 00	19 00	20 00
雜費	50 00	15 00 60 00	20 00 140 00	250 00	150 00
合計	800 00	HK 180 00 國 720 00	叻 353 00 國 2450 00	3,970 00	1,500 00

5、根据人会决定之原则，首从各部加薪以工作成绩特别优良而又加重职责者为限，兹就六月之材料决定第二批加薪名单如下：渝庆李文方加八元，蔡宗贤、康先加八元，渝庆陈忱铭又加八元，渝庆丁希马加六元。

6、本店采用合作社之组织原则，并拥有一百五十人左右之社员参加本店日常工作，但因初期吸收社员时未经严密审查，平时缺乏组织与训练，以致绝大多数社员未能明白本店事业之利害关系，未能在工作上起模范作用，未能团结非社员坚决为事业之利益而努力。因此必须加强社务，续订：

(1)规定入社时之严密手续，必有当地老社员观察其表现，解釋入社意義，填志願書等；(2)建立組織系統，如在理事會以下組織社員分會（由分會社員推幹事會），並隔若干時開會；(3)規定社員分會之工作，如社務審查新社員，團結和教育同人，實現社的方針，在工作、生活、學習上起模範作用，推動本店事業。關于此事須另擬方案，提交下次本會常會再議。除有社員須加以整理，選定若干優秀者，作為中堅幹部，以備分配至各店進行鞏固本店之業工作。為保證達到中心幹部之工作完成起見，須(1)研究幹部，如對于幹部之出身、生活、思想、工作表現、興趣、特長及社會關係等均有清楚之了解，以便正確識拔；(2)分配幹部如对事业之认识及营业技术俱强者，对事业认识强而对营业技术弱者，对营业技术强而对事业认识弱者均应有适当之分配；（三）教育干部，对于中坚干部，须用各种可能之方法，如视导、通信、谈话等予以教育，使之彻底了解店的组织与工作及其意义，并培养其对于文化工作之兴趣，以便使之为本店事业之忠实而坚决努力者。至于本事业，并须常拟方案，提交下次本会常会再议，社务部份文件，须以适当方法公开，以便社员之讨论。

7、近来物价高涨，各地同人生活费津贴，应予变动如下：

渝十七元，桂九元，曲十七元，梅九元，湘十四元，其他津贴仍旧照发。

8. 通过本年下期总管理处各项开支预算如下：

子目	上期决算数	本期预算数	备注
薪工	30,909.47	2,214.00	上期津贴併入薪工项下，上期决算包括总管理处及造货部、门市在内，本期薪工以总处职员26人計算，编审部、门市部列入薪工项内。
津贴		500.00	
膳食	6,459.35	850.00	
房租	3,890.50	300.00	
水电费	544.03	100.00	
邮电费	1,862.45	350.00	
旅费	4,832.03	400.00	包括同人搭乘旅费车费在内
文具印刷费	2,904.91	300.00	
广告费	373.50	60.00	
保险费	140.00	50.00	
修缮费	43.40	50.00	
交际费	556.99	100.00	
捐税	300.84	50.00	
杂项费	891.15	100.00	
书报杂志费	885.40	150.00	
摊提费	1,059.35	160.00	
什费	3,142.31	400.05	

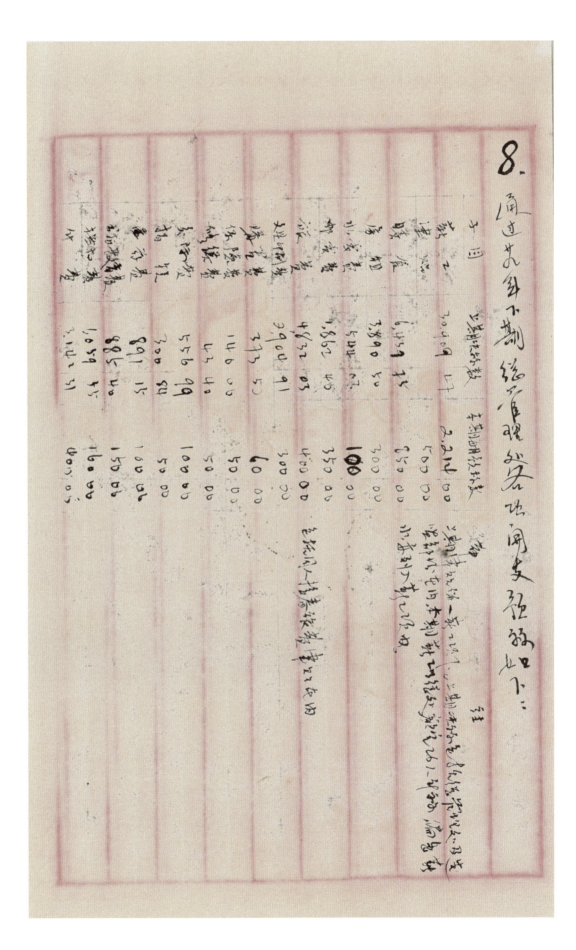

9、通过本年度全年编审计划如下：

类别	种别	册数	字数	百分比
A类	创作		880,000	11%
	翻译		720,000	9%
	A类统计		1600,000	20%
B类	古典哲学、社会科学 名著翻译（甲）		800,000	10%
	大学补充读物（乙）		400,000	5%
	B类统计		1,200,000	15%
C类	青年自学丛书（甲）	16	800,000	10%
	中学补充读物（乙）		400,000	5%
	科学、工业、技术（丙）		400,000	5%
	C类统计		1,600,000	20%
D类	[illegible]（甲）	16	320,000	4%
	儿童读物（乙）		400,000	5%
	[illegible]（丙）		480,000	6%
	D类统计		1,200,000	15%
E类	[illegible]（甲）		800,000	10%
	手册（乙）		400,000	5%
	E类统计		1,200,000	15%
F类	杂文		200,000	2.5%
	时事单行本		200,000	2.5%
	F类统计		400,000	5%
G类	其他单行本		800,000	10%
	G类统计		800,000	10%
合计			8,000,000	100%

说明：

A、本计划起草时的原则：

一、基于几年度营业以及社会实际要求的状况；

二、基于加重文化教育的意义，扩大出版物性质及种类的范围；

三、基于和友好同业分工合作的原则，避免出版物的重复；

四、基于卅年度营业中心偏重出版中级读物。

B、项目本应加说明部份：

一、B类乙"大学补充读物"系指(1)有大学各科目有关之补充读物(2)比"青年自学丛书"较高级学术著作较低之次级学术著作；

二、C类乙系指(1)大中学课程有关之补充读物(2)中级读者宜作自修书，(3)培养青年学生读书兴趣之泛览读物；

C类丙系指(1)自然科学中级读物(2)一般工业常识书(3)一般应用技术知识书；

三、D类丙系指(1)一般大众常识书(2)日用技术读物(3)成人教育用书、参考书。

C、依据计划项目另有"类别""种别"之数目，分别特作文件

一、因传或个人撰述，或由本店编选自撰。

10. 通过常务委员会办事细则如下：

理人监联席会议常务委员会办事细则

第一条 本会由理事会、监事会各互选推出代表三人及监察委员会推出代表一人共七人组织之。

第二条 本会互选主席一人，轮流处理日常会务及掌管会议记录及一切文件。

第三条 本会每周日开常会一次，由主席召集之，通知至于前一日发出。

第四条 本会除常会外，以遇重要事项急待讨论时，得由主席召开临时会议。

第五案　本会开会时如遇主席缺席，则公推委员一人为临时主席。

第六案　本会每次常会应由总经理报告本月业务及人事状况，该报告应于前一日由秘书列入议事日程。

第七案　本会开会时出席人数委员以三分之二（五人）为法定人数，不足法定人数不得开会。

第八案　本会开会时作成的议决必须出席委员过半数之通过方为有效。

第九案　本会职权如左：

一、审核职员进退；

二、决定出版计划；

三、決定營業計劃；

四、核定營業預算辦法；

五、解釋「社章」及推動進行計劃；

六、核定職工進退手續；

七、核定職工薪額；

八、決定工作時間；

九、考核職工勤惰考績，擬定工作紀律及獎懲辦法；

十、核定職工兩個月以上長假；

十一、管理及督察分支店及教育、出版、營業等事項；

十二、擬定職工紅利分配案；

十三、領導社員分會及自治會工作；

十四、組織專門委員會研究各項問題；

十五、查核會計帳目及監護財產；

十六、處理其他有關用人、福利及業務監察等事項。

第十條 本會開會時討論事項如有涉及委員個人者，並係仍無表決權，必要時應暫時離席。

第十一條 本會開會時討論事項如有涉及業務一部份或某一個人者，得邀有關人員列席會議。

第十二條 本會任何議案或決議，依準授權經理遵照或指定委員傳達者外，各委員皆嚴守秘密之義務。

第十三条　本会之议记录及一切文件，由出席人签字后由秘书负责保管。

第十四条　本细则如有未尽事宜，得随时修正之。

11、为充实编审委员会起见，请[illegible]先生为编委，参加本店编务，指导并处理再版书之修订及审阅各编辑手册文选等事，月薪暂定壹百五十元。

12、港店全部出版物及门市批发存货，决定以港币贰千五百元出盘。受盘者系孙明心等所办之书业，本年度应以本版存货作价拨还港库壹千五，商请惠合作之书店，使有利于本店业务。

13、本店廿八年度至廿九年度累积之盈余十五万元，其半数纸版工作制部份，除此项拨出经一活动方法分年重行结算后，以每年盈余总数之分配。但目前因各项成本材料无法查得，未能重行分年结算，故决定按年平均分配，即每年作盈余三万元计。

14、通过汤彦仲社员因事辞去社员。

15、港分店经理罗耀恺因事业发展，办学，由李应辞部分工作，鉴于工作重要，未予批准，但在工作需要范围内，可放宽，照顾派适当之职务。

16. 曲江分店之社员因生活程度高涨时，要求停止缴纳社费。查缴纳社费係章程所规定，待社员大会讨论修订之文稿，在未修前

此致公干，希参加以更正之必要

敬礼。

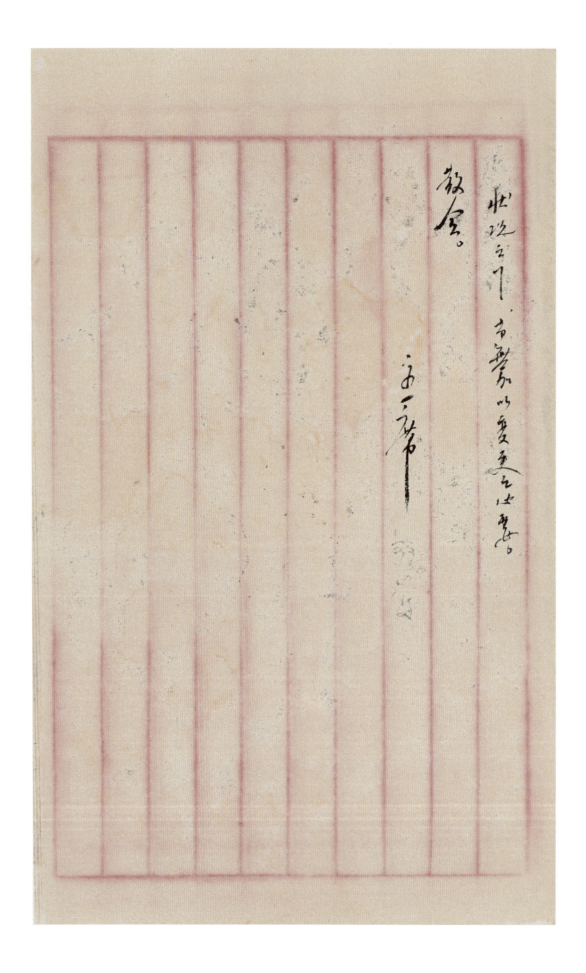

弟一萧

常務委員會第二次常會紀錄

廿九年九月十一日上午十時在學田灣鄒宅舉行

出席者：鄒韜奮 張錫榮 柳湜 徐伯昕

主席 鄒韜奮

紀錄 張錫榮

一、報告事項：

總經理徐伯昕先生報告最近兩周來之業務及人事：

1. 總編室情形：總店出版又經加強；編審處擬不設，而雜誌工作可以成功，加店會計錄，各店決予負責，據來

於出刊營業何能發展。又因運輸艱難及因進口
不易及價格昂貴，同業競爭劇烈，而不能側重發
展業向前推廣則略有出入。至于整个沿海自然
之計劃，應由商討後再得決。現之直接營業各店請准、
大，內地直接接稍。渝店在空襲較少時，營業即能好轉，如每
有一天的市面能達九百元。北碚支店之營業，平均提自每日可
達三千元，情形好好。故預料渝店提月營業三萬元之數，不
需借在多時，定可達到。營店營業最近前較前大有
轉色，門市之加整頓，營業時間之延長，加強漢、桂店門市
面比較穩定，營業均能正常進行，曲店之未整頓，報告

尚未接到，现拟与制定由合作社办理，每店要按月算运输如何
再交由渝理撤。
5、运输情形：港汉之断，港由分难，现在试行港桂线，须十天
由江经梧州而来，如有危机，以后可由四缴，邢由线亦在试算运费。
十、人事：港店结束后，现只留甘蘧园、邵公文、冯景耀、雷
孙琳因图书办理结束，汪梓瑞、单德宦之推荐，王仰阳
诸度凡、何叔衡、梁英荣之介绍与罗辞，沙星两店无甚变动；
汉店新添劳泽荣因事离职，由桂两店人事调整而来
加入，钱树棠、金伟民两同志辞职，拟予挽留，京、港两店无二
甘蘧园与大港店杨庚福因事，前请假返沪，假满后回港店

即将结束，故其同事印德荣不必迁港，并向渝店接洽工作，惟该
店无需人，该同事印德荣至桂店工作，现荣要求八月份结束
来渝工作，但荣之销假，故薪水要照支，又旅费应由渝店报销。
但据同事八月份既未在渝销假工作，薪水自亦不能照支，
同时请假时既在港，调职之旅费自亦不能自港起报。
又汉店严蹀走，予显儒而同事互敌，决对严同事加以劝告，予
显儒停职。又黄蓉夫妇同事因当地环境不宜，已来
渝，暂留渝刷厂邮购部工作。
5、合作事业：敌后工作暂中止，新设原拟先在晋东南开始、
现因该处条件困难，故决定暂缓，但延安地编印工作仍进行，同时

先在晋冀鲁豫之翻印工作，因该地晋冀鲁豫之交通颇便利也。

江南部份，皖南合作之开始，皖北须动员待进行，苏北因目前军事紧张，亦得暂缓。又由江至广法宝与其他秘密同行，合资经营，一方面又云南方面趁此紧张时，亦作后退布置，法宝大腿并由三同行合出一广。

6、总处开支：总处开支前次通过十月起定为六、一三〇·〇〇元，现七月份为三八四·六七元，八月份为五五八三·八八元，连同各处七八两月除一部份房租伙食等未付外，总数为一〇、〇〇九·〇〇元，并未超过预计数字。

附总处七八两月各项开支明细表

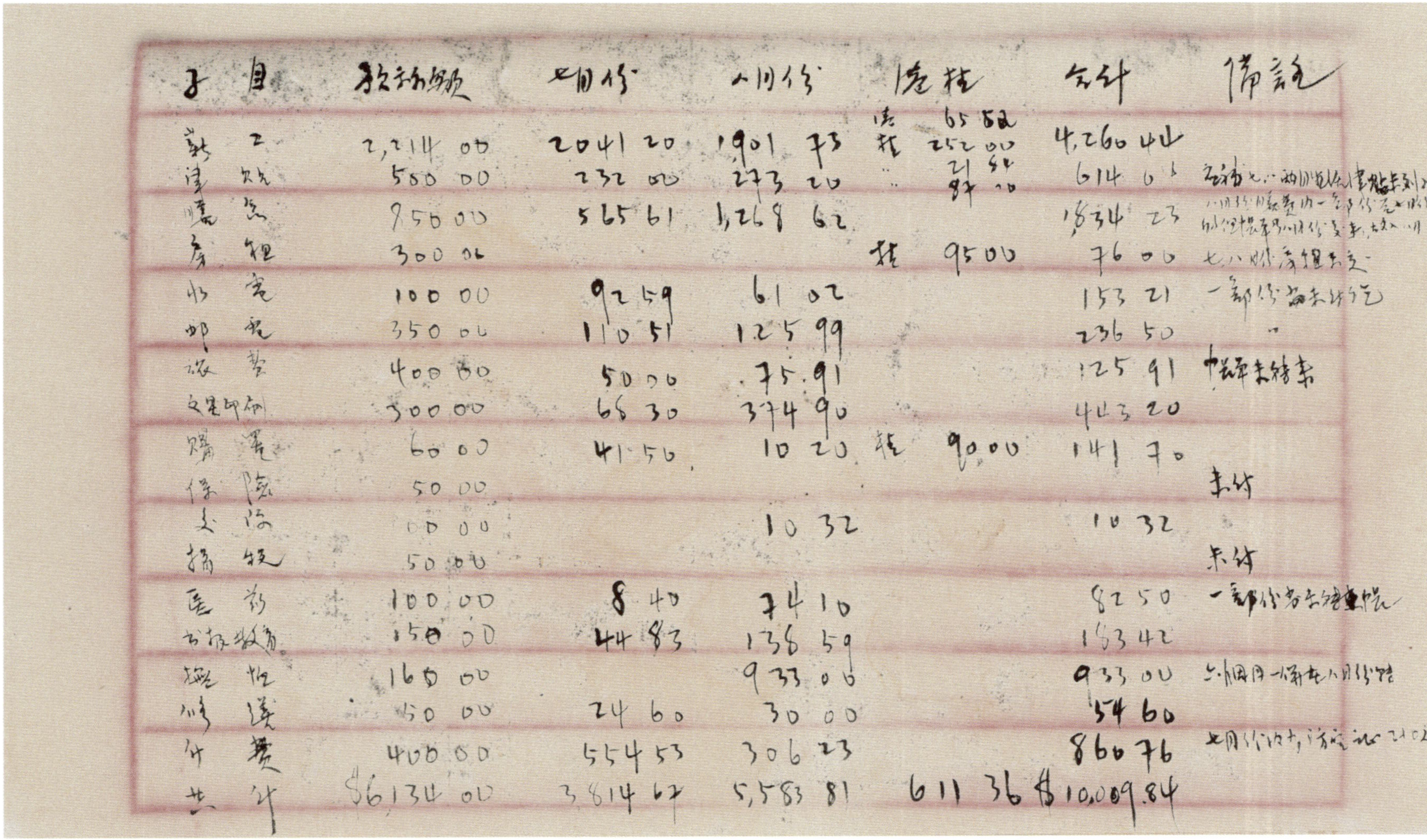

项目	预算额	七月份	八月份	渝桂	合计	备注
薪工	2,214 00	2041 20	1901 73	渝 65 82 桂 252 00	4,260 44	
津贴	500 00	232 00	273 20	31 54 / 89 10	614 0[illegible]	[illegible]
膳食	950 00	565 61	1,268 62		1,834 23	[illegible]
房租	300 00			桂 95 00	76 00	[illegible]
水电	100 00	92 59	61 02		153 21	一部份尚未付清
邮电	350 00	110 51	125 99		236 50	"
旅费	400 00	50 00	75.91		125 91	帐单未转来
文具印刷	300 00	68 30	374 90		443 20	
购置	60 00	41 50	10 20	桂 90 00	141 70	
保险	50 00					未付
交际	00 00		10 32		10 32	
捐税	50 00					未付
医药	100 00	8 40	74 10		82 50	一部份尚未结[illegible]
书报杂志	150 00	44 83	138 59		183 42	
牺牲	160 00		933 00		933 00	[illegible]
修缮	50 00	24 60	30 00		54 60	
什费	400 00	554 53	306 23		860 76	[illegible]
共计	$6,134 00	3,814 67	5,583 81	611 36	$10,009.84	

二、讨论事项：

1. 甘蘧园请假案；

2. 通过许觉民为社员案；

3. 修退休置案；

4. 调动工作地点后离职员工之旅费应如何追还案；

5. 总稽核工作暂行停止案；

6. 文艺阵地暂缓出版案；

7. 与星群合作案；

8. 特春生接替案。

三、决议事项

八、甘蘧园同事此次处理港店结束事，煞费苦心，年来劳极甚，同时近来体质甚弱，医嘱必须休养。现决定给假一月，藉此调养，以便使甘同事能早日恢复健康。同时在休假期内，仍请甘同事留港，以便就近照顾星处业务及安克知会所等事。对于将沪店独立问题，并请渠详细计划，一俟假满，仍请渠来沪主持沪店业务。至于派定人事等，届时派邹季同事同去征求及沟通各方面之意见。

又许觉民同事进店已三年余，前因年龄未届，故未通过为社员，现其年龄已满二十岁，议决通过为本社社员。

3. 敌人既有进逼行都之企图，局势严重，各单位作大要准备，决定办法如下：

总则

(1) 以总社为中心，先疏散至各单位，应就编审营业，由五人主持之；

(2) 总社管理处应根据交通、经济、运输三条件及总管理处各单位前，呈具近疏地点；

(3) 编辑、出版二部，仍应在沿海时地，疏散三处中心分别推行，惟此无付得之二编辑出版团体，未定单位处理编审出版办

工作之；

(4) 经济及总务，各分社发行单位完全自给；

(五)外埠分店除最前線者外，得適應政治中心移動變遷，均根據營業造貨需要條件，予以適當分配；

(六)提出完成設店計劃。

準備工作

(一)經常注意華東及附近之動態；

(二)將存紙型根據需要擬單分散至桂林及贛北等地；

(三)儘量減少渝地存貨，新貨隨造隨發；

(四)資產、存紙、傢俱等無需要之財產應迅速變換現金；

(五)準備三千元至五千元現金，以作遷移之用；

(六)總處機構再縮簡單化，至多只留二十人；

(四)危险性单位之人员依量减少；

(五)有些路局要求维持常动用之重要文件账册等，得择定适当者指定之据点；

(六)如需要，皆应适当去据点之准备工作。

六、员工调动工作地点，均要公费支领旅费，而往往有才调去不久而行自动离职，实系利用本店经费之机会而便利自己之企图，现决定调动工作后至少须再在本店工作一年，如果中途自动离店，旅费亦要追还，按书面黄立然。

七、积极工作已无需要，与其本之雇生，至今未能到店服务。

故决定自明年起停止支薪，以省开支。

6、文艺阵地今拟改式出版，正在征求茅盾先生之意见中。现在该刊已遭查禁，决定不予续出，该刊改为文艺战线，合办高级文艺刊物一种，由胡绳担任主编，详商。

7、与星群合作办法决定如下：投资本版货五千元，以四八折计算；以发本版书批价以四八、六一折计算；港版供给批价以港价八五折计算，代办运输及运费手续费，代办出版抽取手续费最高至一成；每月结帐一次。

8、张春生接替前因徐楼接至工作地点，故来予通过；现徐楼文书要求，接徐楼之工作为总务、经理及因运输

綫並時有變動，而流動地帶亦不能一定，故事實上亦必不能堅持至某一固定之工作地點，現擬移接至福建所川四進口

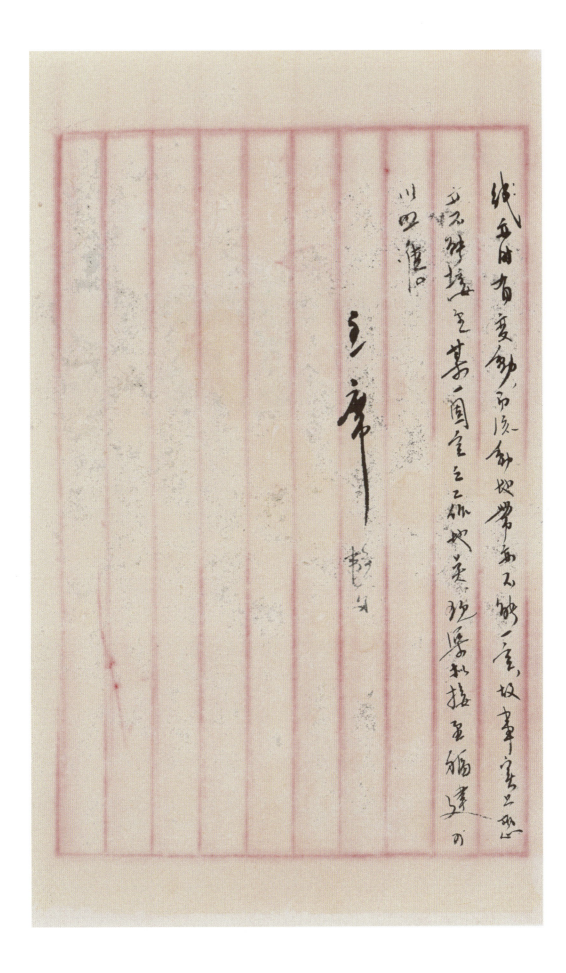

主席 韜奮

第二冊

理、人、監聯席會議常務委員會記錄

常務委員會第三次常會記錄

廿九年十二月五日至七日下午十時

出席者：韜奮 [illegible] 徐伯昕 [illegible]

主席 鄒韜奮

記錄 張錫榮

一、報告事項 總經理徐伯昕先生報告最近業務及人事狀況

1、各店業務狀況 香港分店出盤事，已與受盤者星群書店訂立契約，條文如下：

「立盤頂契約 生活分店 星群書店 茲因生活書店香港分店[illegible]

除甲方）有意结束，愿将全部外股存货、生财器具及店
铺装修出盘与当范昆群书店（以下称乙方）顶受继营，
双方议定条件如左：
一、自本契约签订日起，甲方所有全部外股存货、生财器
具及店铺装修，均由乙方顶受接办，另设昆群书
店牌号继续经营。
二、自本契约签订日起，甲方所有人欠欠人一切往来账项，
概由甲方自行负责处理，以后乙方营业盈亏，则由
乙方自行负责，各不相涉。
三、甲方所有全部外股存货、生财器具、店铺装修及

門市電灯押柜，總計作價港幣弍千五百元，概歸乙方頂受。該款於必須時由乙方如數付清，但甲方另製收據為憑。如將存貨及生財另抄清單附入備查。

四、甲方存出電燈、電話保證金計港幣壹百元，由乙方如數另行付甲方，以便乙方轉換户名頂受。

五、甲方結束時所有留存乙方之本版存貨，以國幣五千元作為批給乙方經銷，並由甲方另開批發之發票，作為批發往來賬。餘均由甲方委託乙方暫代保管或指定代運各地，賬另開存貨清單，由乙方負責代办，不得動用。

六、甲方所有尚未滿期之雜誌定戶委託乙方代為發行，繼續寄發。每期刊物及寄費應由乙方按月開單結算，歸由甲方負擔。

七、甲方以後如有書刊委託乙方代為印刷或委辦其他一切事務，乙方當盡力接受，負責辦理。

八、本契約一式兩份，雙方各執一份存照。」

關於結束書店經過情形，須附帶報告者：寄售全部本版各書，分呈群以八五折算，總實四拾万四千六百二十五元九角一分（共收壹万九千六百二十三元九角一分停止寄售待收回）。本版叢近期杂志盘与星群以三折计算，计实港币九十八元三角九分。外版杂志未开发票，盘点存数另有登记。本版过期杂志则转星群代售。生活推荐杂志代存卅四本，鲁迅全集十二部又六十五本暂寄存，共计三百四十五本运桂店。呆销书十六箱存栈，收拨已转星群收存。列毛阅后初步五二〇本另存星群宿舍内。广州分店存港外版书，则转星群售卖。日新与地学社代发之过刊星群代售，共计四包已运上海读书社。前广州分店运港之电版、纸型一批存门市地下室。同业寄售杂志转星群代售。港店信封等文件运桂林。账略。

沿海区独立经营之计划，叶经理须店讨论并提出修正意见見，全文如下：

「沿海區獨立工作計劃大綱

第一 總則

一、沿海區為適應政局與遠東形勢之激變，在總管理處規定之原則下，成立沿海區管理處獨立管理，一切營業、經濟、人事及文化宣傳、編審等得隨時由區處辦理後，報告總處。

二、區處每半年須擬具營業計劃書、營業及開支概算書，提請總處核准後施行。每半年對計劃之完成情形，及營業開支決算，均須按期報告總處。

三、區處對於本區內各店人事之處理，須根據總處之各種規章办理之，报告总处追认之。

四、区处为便利进货及推广发行计，得设于上海。

第二 组织

五、区处设区主任一人，负区处营业、管理之全部责任。

六、区处除区主任外，下分总务部、生产部及营业部三部。

七、区主任会同总务部、生产部、营业部组织区处会议，处理区处一切事宜，每月由区主任召集开会一次。

八、区处组织系统如左表：（表列卷末）

第三 管理

九、沿海区各店所有本外版存货，应于每月底盘点清楚，作為總處轉發區處之存貨，並由總處劃出周轉資金，供給週轉。

十、區處造貨成本，應維持回扣，其中三成給分店，一成半作區處管理費，一成半交總處作為支付股稅費用。

十一、內地各店托造各貨，照成本付價，運費由內地店負擔，另津貼區處手續費百分之五，其造貨款項及運費，須由區處估定總先匯付，餘款另行找補。

十二、區處為內地店代收股書，得提代收股書總額百分之五作為手續費，運費由內地店負擔，代收貨款及運費均應先匯。

十三、內地委託之進貨，進貨後，其款項解到時，必須按照指定計劃負責完成。

十四、本版暢銷貨必須即備充足，如因出版處有特殊環境者，得另用某種出版社名義印行。

十五、區處對於沿海各分店貨件，必須要從速，本外版運費由分店負擔。本版貨款，須每月結清一次。

十六、區處經常要保沿海與內地匯兌線之溝通。

十七、沿海區各店應填之表報，除以一份寄區處外，仍須以一份寄總處，以備查考。

第四　工作要點

六、沿海区各店，以力求開支撙節，維持生存為原則，營業方式，須在不妨害本店總方針下酌予改變之。

七、後方工作：

1、加緊外版進貨工作，充實門市，搜羅各地好銷書刊，迅速而齊備，以推廣門市營業。

2、發展淪陷区郵購工作，代為各種書報雜誌，範圍可更廣泛，地域可伸展至內地及沿海各交通口岸。

3、擴大淪陷区批發工作，由各地新舊同業聯絡，密切連繫，代為批銷各種書報雜誌，以求銷路迅速為爭取之重要條件。

4.推廣讀書運動，設法推廣雜志銷路，增收預定戶，或添設自由定戶，吸收讀者。

5.經常印發新書及經售書目，分發郵購戶定戶及批發同業，以資連絡與推廣。

三、港星方面工作：

1.香港設辦事處辦理內地轉運工作，並注意本版書刊之推廣，兼辦海外郵購與批發，如在利益上合算時，亦得兼做外版批發。

2.新加坡除加強本版書刊之推銷外，如環境有困難，得兼營文具及運動器具之經營。

十、港星两处均可设立服务部，代售本店及分店之读者代办各种书报杂志、代汇小额汇款等。

第五 营业开支概算

十一、详细营业及开支预算总数，列此另表。

第六 附则

十二、本大纲经总处核定后施行。

十三、区处管理详细细则另订之。

沪港区管理处（区处会议）
- 总务部
  - 文书课
  - 事务课（人事、庶务）
  - 会计课
- 生产部
  - 编校课
  - 印刷课
  - 出版课
- 营业部
  - 分店课（推广课）
    - 沪店（店务会议）
      - 总务组
      - 门市组
      - 批发组
      - 邮购组
      - 服务组
      - 推广组
    - 港店（办事处）
    - 星店
  - 通讯课
  - 发货课
  - 批发课

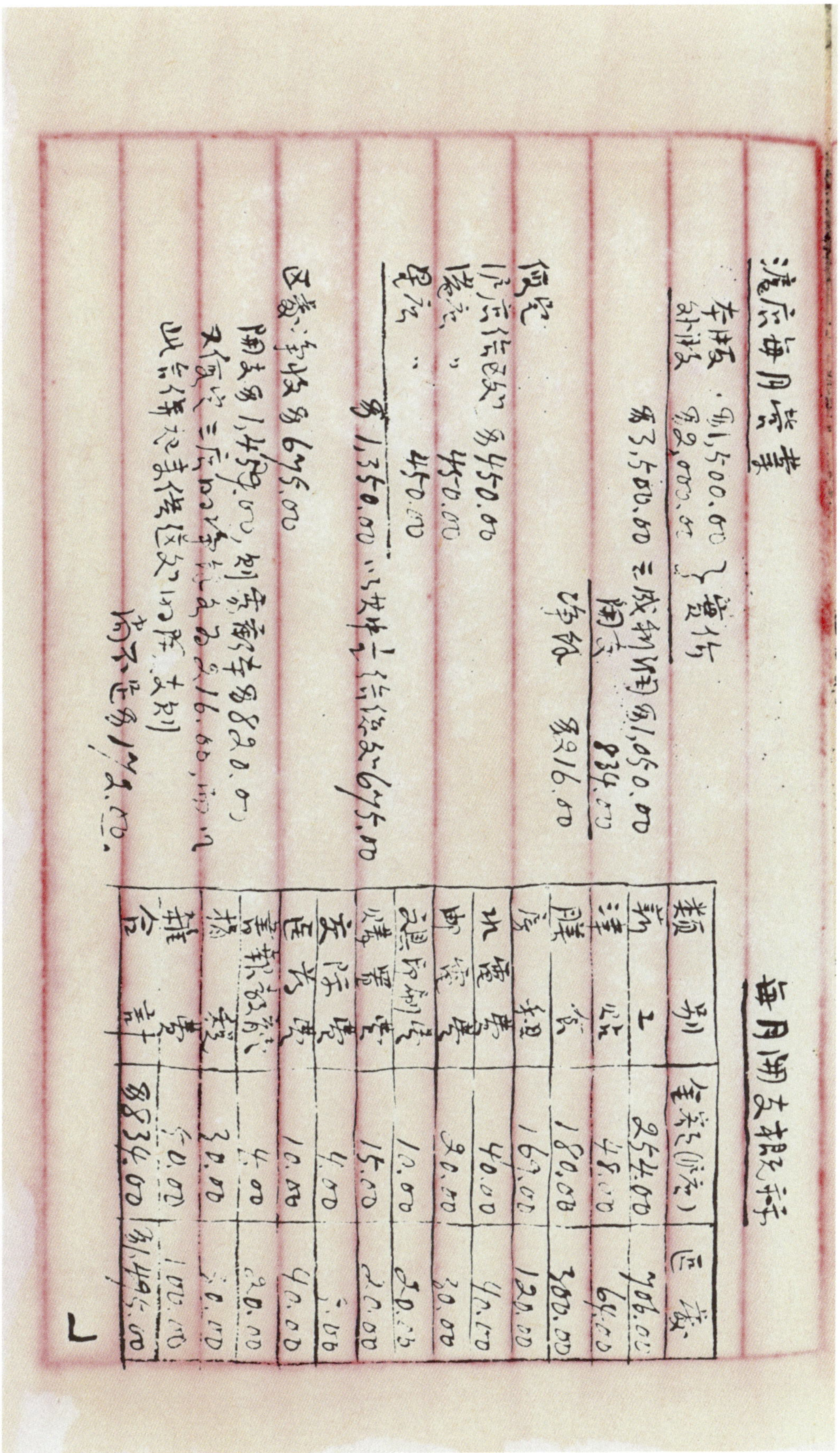

滬店每月營業

本版 $1,500.00 } 實價
外版 $2,000.00

$3,500.00 三成利潤 $1,050.00
開支 834.00
淨餘 $216.00

[illegible]
[illegible] $450.00
港店 〃 450.00
星店 〃 450.00

$1,350.00 以其中之[illegible] 675.00

區處淨收 $675.00
開支 $1,495.00，則需貼本 $820.00
又[illegible]三店的淨餘為 $216.00，所以
此[illegible]
尚不足 $172.00。

每月開支概表

類別	金額(滬店)	區處
薪工	254.00	706.00
津貼	48.00	64.00
膳食	180.00	300.00
房租	169.00	120.00
水電費	40.00	40.00
郵電費	20.00	30.00
文具印刷費	10.00	20.00
購置費	15.00	20.00
交際費	4.00	5.00
醫藥費	10.00	40.00
書報雜誌	4.00	20.00
捐稅	30.00	30.00
雜費	50.00	100.00
合計	$834.00	$1,495.00

星加坡進口書籍，最近由英政府加以限止，須造貨原料之大部份用英國出品者，方准進口。因此，星店營業甚受影響。

曲江分店業由嚴長慶同事主持，最近以來據各方報告情況至為混亂。業經派西南區主任徐詠沂同事前往整理，結果如此：「長慶同事態度甚好，已於九月五日赴渝，其辭職之最大原因約有三點：一、生活程度高入不敷出；二、不能綱偏把住職務；三、各方意見反映覺得彼不能共處；四、建國亟須彼去整理；五、此次擬一試純粹商人之生活以見與過去為文化意義而工作之區別何在？」查長慶同事交際廣闊，所以入自不敷出，不得不另謀補救，惟以調協收入勞動者一本店工作不可，則家庭開支勢有困難，而家屬素備旅金亦有困難。而又感於乃兄之物價受落，而今之困難日深，適建國書店需要能信得力人才，故此去職。長慶同事對於私營文具，頗表看重，綱寄亦便坦白承認，而對於文化事業之信心，亦已日趨薄弱，故有前往做一純粹商人之行動也。此次移交，各項手續極為嚴格，現金以數無誤。應收應付貨款均要新前客戶核對，暫記欠款亦須整理。存貨印份除八月底重予徹底盤點一次外，關於上屆結移時所缺之貨，亦已查明大部份，業由長慶同事報告營業部請予轉正。汁桂蓀 1058-9 一印份貨在卅八年已收到 2827- 元，而在一月份又重複計入之故。當係查明為要。生活日記進貨份為二元五角，銷貨則以三元五角計，此中亦相差達三百五十餘元。雜誌方面，因外埠銷貨另加郵費，此項郵費亦被誤計為銷貨。總計除前項缺貨補轉外，尚超出六百餘元。惟外版貨方面，銷數與進數相差竟達九百餘元，曲店既未做外版軋銷，徹查極為困難。又查曲店機構組織未趨完善，聯絡不夠，往往售價反較進價為便宜，而不自知，外版與本版之分數，亦不大清楚，勢不得自立意中。然祇得以本外版混合計算，而與總數相核，結果為進貨數超出銷貨三百〇六元一角四分，而此數則無法查出也。

關於缺貨之最大疑問為本店與民眾書店之合

作，手续极为不妥，民众货物全归由曲店代售，但曲店发布民众货物既不用照发票，亦不另立簿册登记，只凭派往民众协助之成就，及交之两同事之货条付货，其货条上亦未编有号码，而有将交连货条都不写，轧销者凭记忆销卖，其不能准确，显而易见。晚上民众之货由民众负责看管，以昭守自盗，曲店万难发觉。曲店发民众之货，既不登账，则民众售出之数，亦不能作为批发账款，故只由冯或王同事每日晚上返曲店门市行开门市发票交付。曲店照民众既无账目登记，则经手人交账是否准确，殊为可疑，惟祇当於廿二日据曲店，民众全部存货業已收回，接根全销，亦無從查考矣。不論民眾與曲店合作，是否有助業務，而其手續之不完備，實難令人不起疑竇。民眾營業每月總達七百元，以八五折計，曲店應付民眾佣金百多元，實際民眾每月房租不過卅元，曲店則七百元之營業，實收祇六百元，而須負擔同事二人之薪水及伙宿費，實屬不智之甚。長慶同事因民眾之房屋與房東糾葛未清，且民眾店主甄君本身亦甚消極，致原有之發展計劃未能順利進行，而建國書店方面需要日殷，最後不得不放棄原來計劃。關於帳目方面，核對存摺時有多少。惟長慶同事既已全部照帳交出，故亦不再根究。

曲江嚴長慶同事之款外行為，前更華即振華同事有違背關係，總處已獲有確切之證據。此事須待弼此存化貸款之取出後，方可進行議處。弼處此存化貸現已啟封，一部份被沒收，一部份現批前同業，一部份在待運的地中。

2. 各店營業狀況　本年下底，實行集中力量經營要據點之原則以來，結果頗好，各店大都均能達到計劃或有超過計劃者。根據不完全之統計材料，各店營業狀況如下：

3.總務及分店開支：總務開支預算每月為六、一三四〇元，七月至九月份三個月實支一五、六六〇・一〇元，與預算尚屬相符。但須特別注意者，即九月份之支出中，伙食與生活津貼兩項數字突增，表示在物價高漲中本店支持同人生活之努力。各分店開支情形相符，因材料不足，暫略。

4.生活津貼之增減：本店為幫助同人支持最低生活起見，定有生活津貼辦法，每兩個月調查物價一次，变动一次。兹将本年一月至十月变动情形列下：

店别	一—三月	四—六月	七—八月	九—十月
渝店	七元	八元	十四元	廿一元
蓉店	六元	八元	十一元	九元
筑店	十二元	十二元		十七元
滇店	十元	十三元	十九元	
桂店	六元	八元	九元	九元
梅店	三元	八元	九元	
曲店	五元	五元		九元
沪店	四元	五元	五元	四元
星店	叻四元八	叻四元八		
港店	HK五元二	HK五元二	HK五元二	
云店	二元	二元	五元	五元

5、人事进退调遣：重庆总处新进顾诗灵任编辑工作，十月一日起月薪百元；莫冥原任编校工作，十月二十八日起

月薪四十元；邵公文十月五日离渝十四日到桂；福庆观一九九月底抵渝任营业课；渝店孔东海、陈永德因工作不力停职；王大煜九月廿四日辞职。桂店：张明西到桂助理会计；袁文光、赵晓恩抵桂任门市；周遇春抵桂协助进货；程树章辞职；金伟民辞职；沈俊之请假返乡；三户参加工作之姜尹铨辞职。港店：方儒颖、严醒夫离店，劳肇荣进店任邮购工作，月薪廿元。曲店：严长庆辞职，九月五日离店；郦会镇辞职；姚广德调桂；方镜俊调曲代经理。蓉店：朱钦惶进店为服务生；汉店刘桂璋辞职。港店汪梓瑞、章德宽、何求、侯春英、王纪阳、栗芹、高岚。

6、造货：各地在七、八、九三个月中造货情形如下：

重庆新知总店排版三千本，实用经济学大纲四千本，宪法涵初步三千本，哲学纲要续集三千本；重版黄河大合唱三千本，法的身体二千本，战地歌声二集三千本，流亡三部曲三千本，怎阅文艺作品三千本，剧作准备三千。桂林新知以孙子兵法战略本二千本，一个英雄的经历二千本，黄河大合唱三千本，战地歌声二集四千，解惠深母亲二千；重版书实验无线电集粹，新公文程式，世界科学名人传，杜布罗夫斯基，怎研究中国经济，没有祖国的孩子，剧作准备（

上海新書：史太林一千本，歷史唯物論一千，學習的理論與實踐一千本，斯太林文化一千本，三年來的中國一千本，新都花絮二千本，我是勞動人民兒子一千，毛服書戰斗入門一千，死敵一千。

又編審之作：已請潘序倫先生編著會計叢書六冊全年，此項叢書適合職業學校採作教本及職業青年自修之用。全年約九十万字，按照百分之十五抽版稅，並指定在版稅中以它之百分之三提作特別推廣費之用。又請戈寶權先生編譯高爾基著作集，預備每年出一百五十万字，五年出完。以上均在進行商洽中。

此外，金仲華先生來函，擬將世界知識改在香港另出一新機構獨立出版，重慶則另籌出重慶版，文字可以互相轉載。此辦法並不適合本店之希望，須另議妥善辦法。文藝陣地續出事，已在與歐陽山、沙汀、以群等商談，本店表示在不虧本原則下接受續出，預計每月出一期，每期十五萬字，月需編費及印刷成本約四千元。

8.運輸工作：最近已去滬港兩地將大批新書及存貨連同紙運文具三千餘元，分兩批押運，由港曲線運來內地。以後當繼續運用此項運輸。

9.合作事業：理論與現實合作出版以來，情形良好。婦女生活因人事方面未解能合作，擬交由沈鈞儒先生另行支配專人負責出版，本店退出合作，僅在技術上及發行上予以幫助。三八，建中均能自立而略有盈利，情況良好。西南投資四千元決於年底收回，本店退出合作。華北、蘇北、皖南方面在積極進行。曲江分店由三同業合作者，在進行進中發生故障，決定停止進行，暫保持原狀。

10、廿八年下期決算已製成，計虧損一八、三五、五五元。造成此項虧損，主要由於支持八種雜誌之出版，其次由於政治上沒收書籍及限制出版限制銷路之結果。

實際損額達四万九千二百六十三元二角，幸由經營人低張中鋒将三万一千一百三十七元六角五分，精貼弥補。(俟移交另存)

11. 江北新屋尚未售出，另因房屋由房東自動修理，惟修理費須由本店擔付，將來作為押租。房租亦將提高至七八百元，在商洽中。

二、討論事項

(一)卅年一月份調整薪水案；

(二)負責人車馬費津貼案；

(三)修正家屬膳食津貼案；

(四)加强社務領導及人事管理案；

(五)沿海區業務整頓案；

(六)世界知識移內地出版案；

(七)婦女生活獨立出版案；

(八)文藝陣地續出案；

(九)與三家同業合作建立分店案；

(十)獎勵著文稿同事案；

(十一)杜祠泰同事離職案；

(十二)桂林同人局部加薪案。

三、決議事項

(一)本店同人薪水，规定每半年考虑增加一次，本年柒月份因经济特殊困难，仅就工作成绩特别优良而又加重职责者酌予加薪。但战时物价暴涨，同人生活更形艰苦，且总难於支持，此足以影响工作情绪，有害本店事业之前途。除仍按照物价之涨落发给相当之生活津贴外，卅年一月份，决定尽最大可能举行普遍加薪。举行一月份普遍加薪原则如下：(一)薪水在八十元以下者，一律考虑增加；(二)薪水在八十元以上者暂不增加，但取消折薪办法；(三)职员之起薪额提高至廿四元；(四)规定加薪总额为每月壹千元。按照本店營業及經濟現狀，實無力担負加薪之開支，店務撙節資金經營別業以資補救。

(二)本店各重要負責人，因公出差或交際，其費用應由本店負担。得按照下述之規定，每月結計所費總數，支取車馬費一項。支取人及最高限額規定如下：每月營業一萬元以內者之分店負責人，支二十元；每月營業一萬元以上二萬元以內者之分店負責人，支四十元；每月營業二萬元以上三萬元以內之分店負責人，支六十元；總經理支一百元；編審委員會主席支五十元。一律實報實銷，並不得超過最高限額。

(三)戰時物價暴漲，同人生活艱苦，尤以有家屬之同人為甚。為稍資減少同人困難起見，特定家屬膳食津貼辦法如下：(一)凡同人家屬膳食費用，每人每月超過二十五元之時，其超過之數，由本店按照本辦法之規定津貼之。(二)領受津貼之同人家屬，以夫或妻、母、子女為限，並以本身無業，依靠同人生活者為限。(三)應否津貼或津貼若干，以距離該地最近之分店每月膳費額為計算標準。如超過時，居住於該地分店附近之同人家屬，凡合於第二條之規定者，皆得

薛迪畅
张友渔
列席者
张锡荣
仲秋元
陈正为
孙生廉
方学武

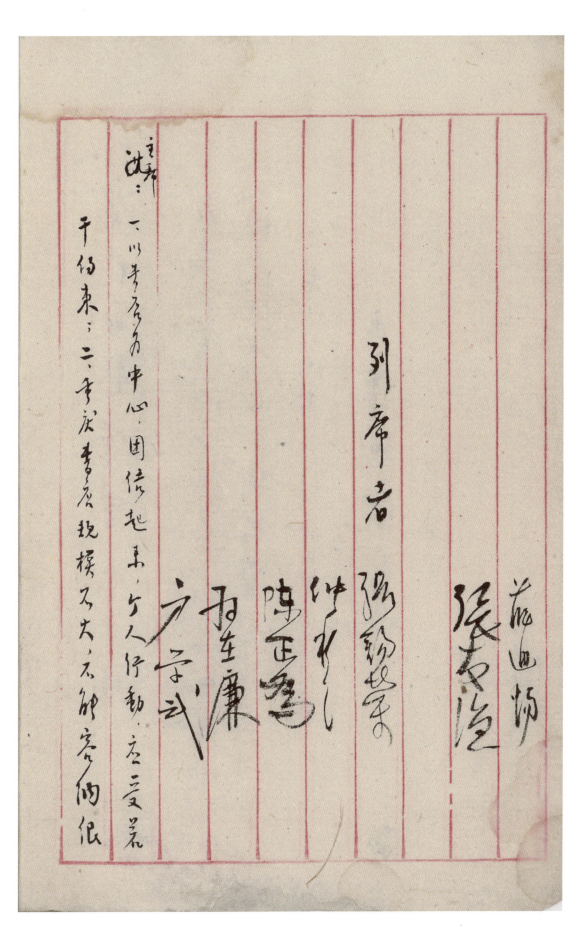

主席报告：一、以书店为中心，团结起来，个人行动，应受若干约束。二、本店书店规模不大，不能容纳很

多人，但不在一起工作，精神上仍应保持更密切联系；三、今日苏联工作，仍应继续，不仅要防军事的变动，并应提防其他方面的意外；四、商的合作於机构是否应该变更，应采取何种新的组织形式等。讨论之前，拟请先报告西南区、上海区西北区各区近况。

经之（西南区）西南区包括机构：学艺、兴沪合作之三店、图书社、兴水合作的光华行、佔十分之三股份之建华印刷厂，曾於本年一月初旬讨如何经营等事件，均无争事发生，很能谐洽。同事间相互了解，桂林疏散时期，负责人所有错误，致损失甚大，要者及一部份人员尚留昭平，由李伯纪负责处理。滞留问题，请首先设法解决：一、留昭平同事计李伯纪、黄明华、郭琳、吴丰俊及家属约十人，应如何取得联系，应归那一个机构负责办理？二、留昭平同事及家属，应否继续补助？三、学艺是否另行成立？四、三户债务如何清理？五、疏运同事如何支配工作。

张：（上海区）首先补充桂林区的损失，据约略估计，资产连疏散费用约七百万元，损失原因：一、孙陈人因病搁西江上，林区负责人二人同时来衡，临时不能继续耕耘；二、方向错误，不应向平乐八步撤退；三、负责不能团结合作。关于上海情形，廿九年准备充分，敌人接管租界时，未受损失。上海同人在店遭最严重打击时，人员均隐蔽妥当，并自谋解决生活之道。裕华行为陈大宸、新文、新治等三人以私人关系凑集资金，参加之商业机构，在上海另为邹先生留医药费及准备书店将来发展之准备，填用约一百五十万。此次於林疏前填用约一百五十万，前后共约计三百万。上海资产，全部投在新光百货公司，由三家來負責代表。

諸：（西北區）集中力量，保存書店。另外機構計：建興，主任，西安興華（王海瑞代表）及賀為華派出之陳勁南，大華，國訊等。

提出問題：

歸納各人意見，擬具問題六項，作下次討論：

一、桂區應予結束，其善後問題，應如何處理？

二、舊的合作社組織，應否變更，應採取何種形式？

三、本處書店不能容納所有撤退同人，應如何分配工作及保證其最低限度之生活。

四、新同人，應接受何種團結，如何密切聯系？

五、書店今後之支持、企圖及發展問題。

六、同人生活作風，新鄉青工作紀律，應自我檢討並建立新的優良作風。

主席：今晚時間不早，上項問題，留在廿九日下午二時詳細討論。並請張友漁、張錫榮兩先生將案整理。

主席　沈鈞儒

渝楼联席会议第二次会议记録

時间：卅四年一月六日上午十时

地点：书店二楼储蓄室

出席者：

沈钧儒

冯舒之

徐雪寒

徐伯昕

黄洛峰

（列席者：

邵公文）

孙起廉

方学武

陈白鸥

仲秋

张汉夫

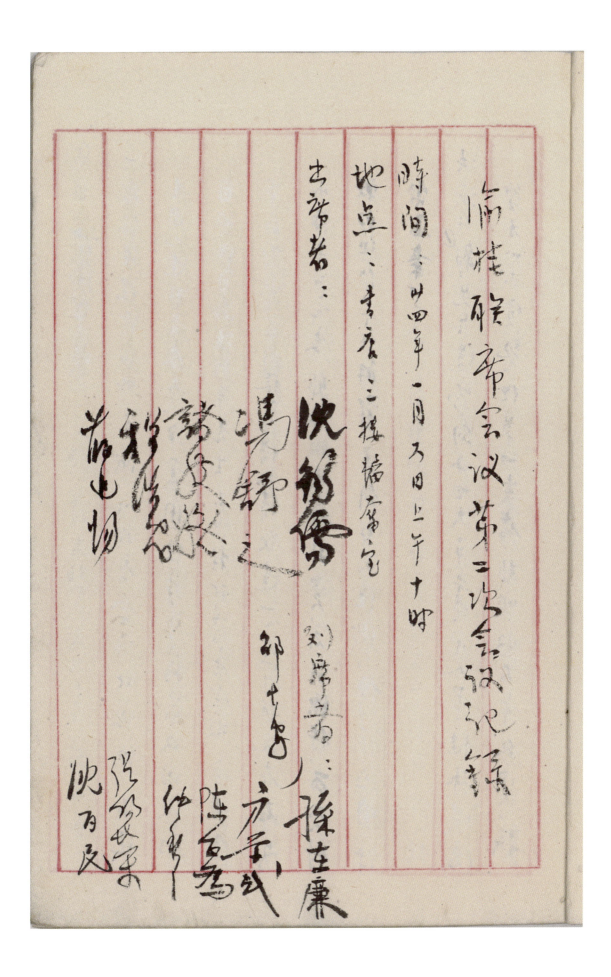

沈百民

討論事項

一、據總經理所建議，以我店合作社組織，在過去固已達到普及文化事業，團結許多作家及同人的目的，但自湘桂戰事發生，不但桂林資產全損，並因同事的撤退，需用旅費，借入債款達一百三十萬元左右，為求將來之發展，非吸收大量外資，不能維持，而處時難的組織，予以解散，另創新的組織，俾適應實際需要案。

決議：(1)鄒先生遺囑創辦四大事業，同人等繼承遺志，努力以求實現，但第一步驟，非吸收大量外資，擬大組織，不能完成，經全體出席者之同意，決將合作社組織予以解散，並推舉社員七人，組織「社務結束委員會」，清理帳目，將予社員原面股額，按當時資產淨額，照百分比分配，一面用徐經理伯昕及在渝代表人理事沈鈞儒名義，書面通知各社員。關於上海部份資產，估計一百萬元左右，但上海負債，達一百五十萬元左右，該項不足之數，由徐伯昕私人負責料理，希望清算帳目時，即以已抵清訖。

㊄推選沈鈞儒、諸度凝、薛迪暢、方學武、陳正為、

沈予民、仲秋元七人為社務保衆各負會委員，由諸

委凝負責召集，[redacted]以三十三年底為止，修選結

出。

二、據總經理徐伯昕先生提議：新機構之組成，應合於如

下之原則：（一）可以適合目前環境，取得合法地位者；（

二）可以公開出資，明收非資者；（三）可以發寬大度，容納

方面適合於事業需要之人才者；（四）可以保取舊有之

同仁組織。

決議：

（一）前於林一部份同事所擬之所辦事業，應予

以公社組織替代合作社，但公社名義，易被誤會為
一般的政治團体，照其係經理部定名則不合，
係經理部定名的，殊合於事業前途之需要，而
求合於該項原則，只有採用公司組織，從全体出發
者決議通過：係經理部改組織，着手組織公司，定名
為「新生企業公司」，並推選五人，組成籌備會，擬
訂章程及籌備其他一切事宜。
五、推選沈鈞儒、張仲實、胡愈之、諸度凝、徐伯昕五人
為籌備委員，由胡愈之負責召集。
六、改進機構，擬請改組生活書店人事，並推請

辭職事。

決議：保留至下次開會討論。

四、仲秋元提議，桂區事實上已不存在，請桂區聯席會議不能負責重慶區管理責任，應另行改組案。

決議：桂林區負責同事，對重慶情況，未盡了解，共同討論重慶區事務，無此需要。經商討決定之人，成立內地區管理委員會，為大後方之一切業務及對當局機構，以內地區管理委為管理之最高機關。需選委員五人，當選者沈仞儒（十票）；諸度凝（十票）；薛迪暢（十票）；張仞岸（七票）；方學武（五票）；候補仲秋元（五票）。朱明西北區負責總處經手未了事宜及桂林區善後事宜，交卸轉交南地區管理處，桂區前經處各項業務損失及旅途用費留平樂之人及寄存等，責經理洪飛負責書面報告，今以後凡往來書業公會及公司籌備會之各項工作，均應向南地區管理處告報及負責。

主席 沈鈞儒

社務結束會議第一次會議紀錄

日期 三十四年一月九日下午六時

地点 分店三樓

出席人 方学武 沈百民 薛迪暢
仲華

主席 紀錄 方学武

決定事項

舊帳結束計算方法

資產類： 現金 三十三年截止点存

暫記負欵 〃 查帳進事

存在货款（存出保证金）　三十三年起查帐追索

存货　三十二年起上二存由世界办理

生财　照帐，依市价折扣

房产　房基以常价，作价二十万元

纸型　将所有纸型整理，全部抄录细单，根据帐面作价，请户半式负责办理，限月底前办好。

版权　凡有再版价值者，抄单另估值，请新世界负责清理，限本月底前办好。

各单位投资　调查投资额，估价增值，请谢友涎负责调查，限本月底前办好。

负债类：

应付货款　根据新旧帐，帐面价值计算。

应付股利　调查欠额，再定加成数额。

借入款／

暂记存款　立详细帐，按照帐面计算。

存入保证金、

社股　查帐面计算总额，按盈余比率退股，加追入股欠额。

另提：

职工酬劳金　定二十万元

已故同事家属生活补助费　开列清单，再商议定数。

三十二年捐款及应付未付款　定额另拟。

工作人员及分配职务

請仲秋元總負帳務工作，每日抽半天時間，
百川、正為全日幫助。百川負責清理
分店部份，正為負責總號及桂區新帳
從本月十五日開始，至遲下月十五日辦竣。

會期

下次會議定本月二十日下午六時

主席 [illegible]

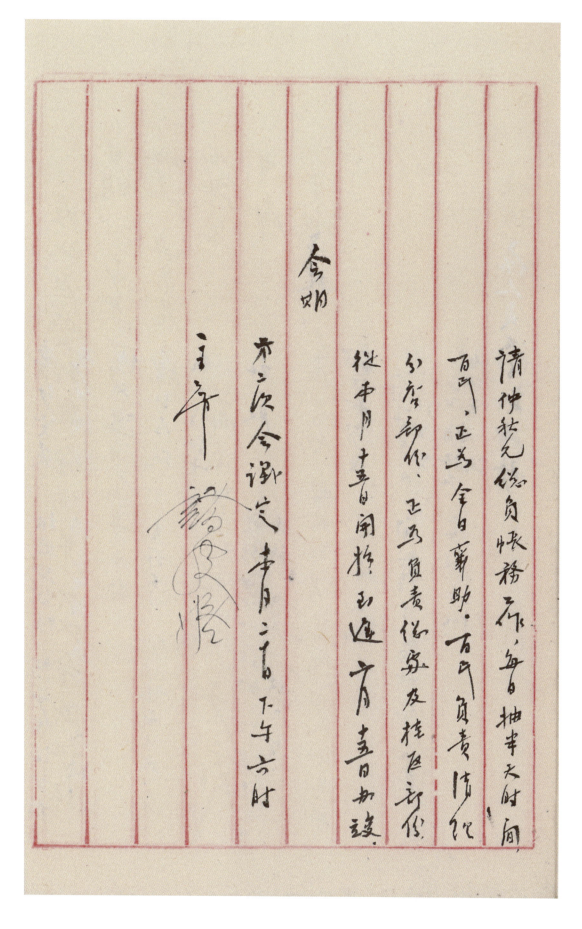

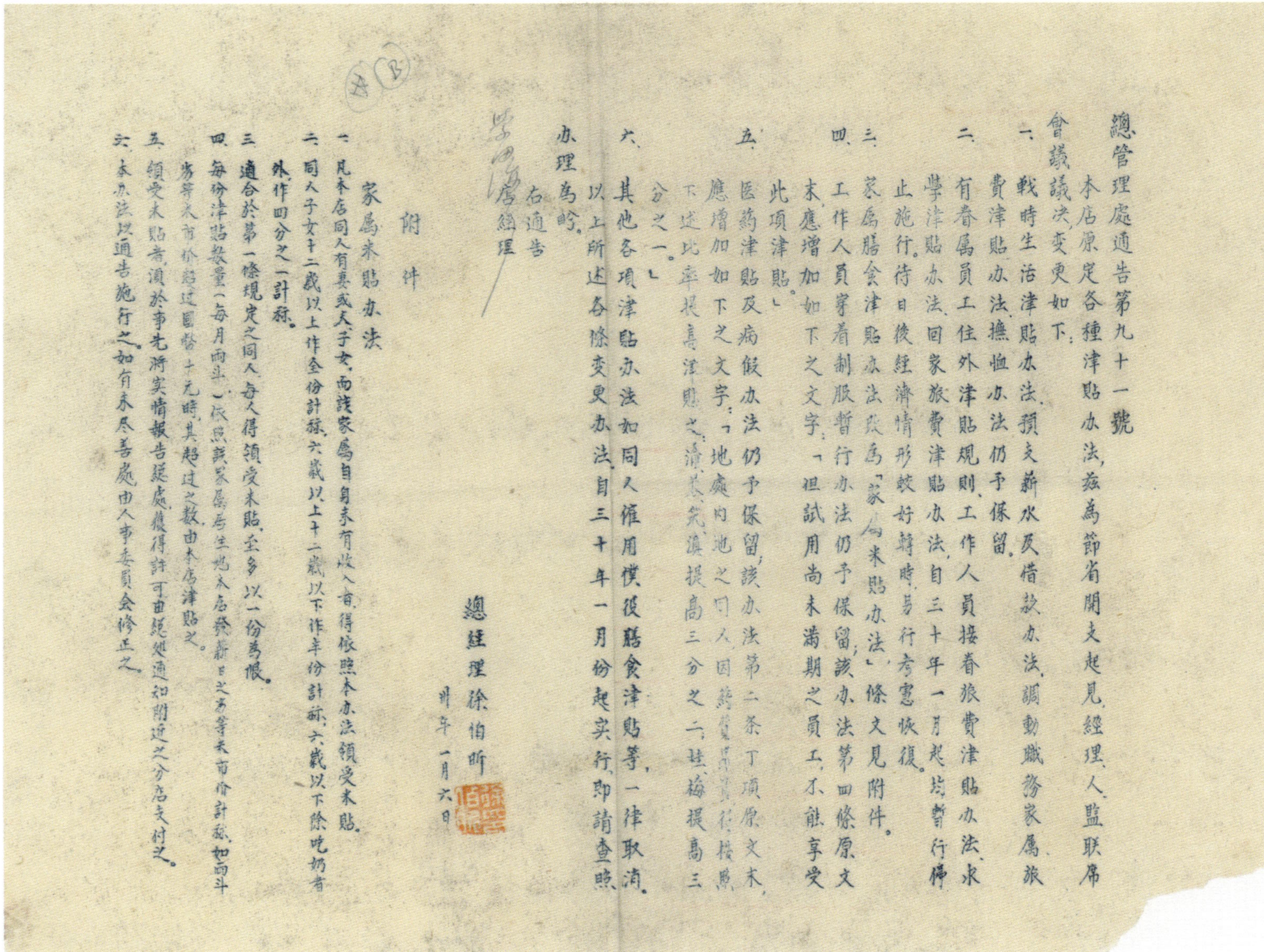

總管理處通告第九十一號

本店原定各種津貼办法，茲為節省開支起見，經理人、監联席會議議決，变更如下：

一、戦時生活津貼办法、預支薪水及借款办法、調動職務家屬旅費津貼办法、撫恤办法仍予保留。

二、有眷屬員工住外津貼規則、工作人員接眷旅費津貼办法、求學津貼办法、回家旅費津貼办法，自三十年一月起暫行停止施行。待日後經濟情形較好轉時，另行考慮恢復。

三、家屬膳食津貼办法改為「家屬米貼办法」，條文見附件。

四、工作人員穿着制服暫行办法仍予保留；該办法第四條原文末，應增加如下之文字：「但試用尚未滿期之員工，不能享受此項津貼」。

五、医葯津貼及病假办法仍予保留，該办法第二条丁項原文末，應增加如下之文字：「地處內地之同人，因葯費昂貴，得按照下述比率提高津貼之：滇、栞、筑、渝提高三分之二；桂、梅、伻提高三分之一。」

六、其他各項津貼办法如同人僱用僕役膳食津貼等，一律取消。

以上所述各條变更办法，自三十年一月份起实行，即請查照办理為盼。

右通告

經理

總經理 徐伯昕

卅年一月六日

附件

家屬米貼办法

一、凡本店同人有妻或夫、子女，而該家屬自身未有收入者，得依照本办法領受米貼。

二、同人子女十二歲以上作全份計祘，六歲以上十二歲以下作半份計祘，六歲以下除吃奶者外，作四分之一計祘。

三、適合於第一條規定之同人，每人得領受米貼，至多以一份為限。

四、每份津貼数量（每月两斗），依照該家屬居住地本店發薪日之當地米市價計祘，如两斗米市价超过国幣十元時，其超过之数由本店津貼之。

五、領受米貼者，須於事先將实情報告總處，獲得許可由總処通知附近之分店支付之。

六、本办法以通告施行之，如有未尽善處，由人事委員会修正之。

总管理处通告第九十一号，1941年1月6日。

三、邹韬奋与徐伯昕关于生活书店遭受当局诬陷与摧残二文

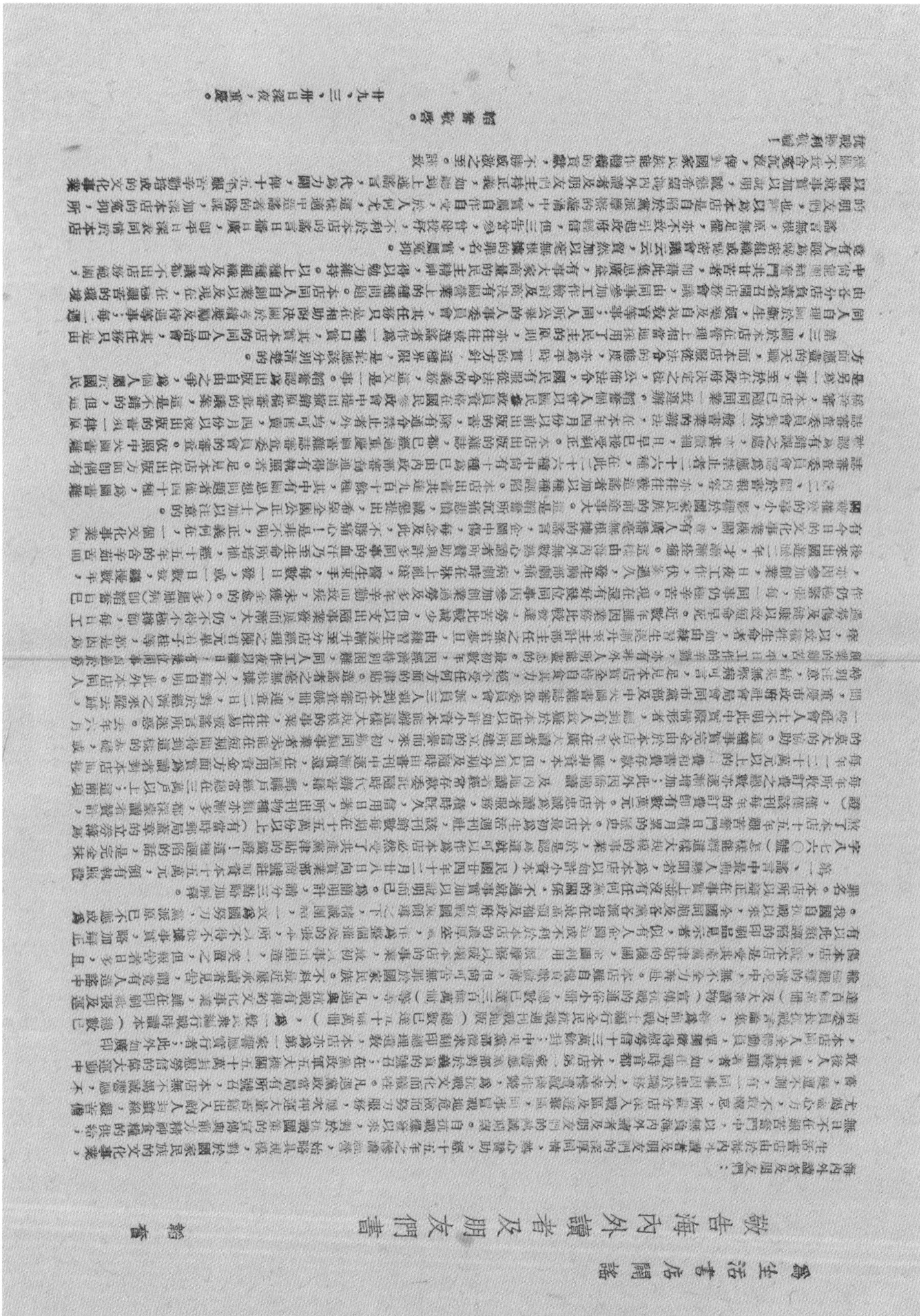

爲生活書店闢謠

敬告海內外讀者及朋友們書

韜奮

海內外讀者及朋友們：

韜奮敬啓。

廿九、三、卅日深夜，重慶。

韬奋《为生活书店辟谣敬告海内外读者及朋友们书》，1940年3月30日。

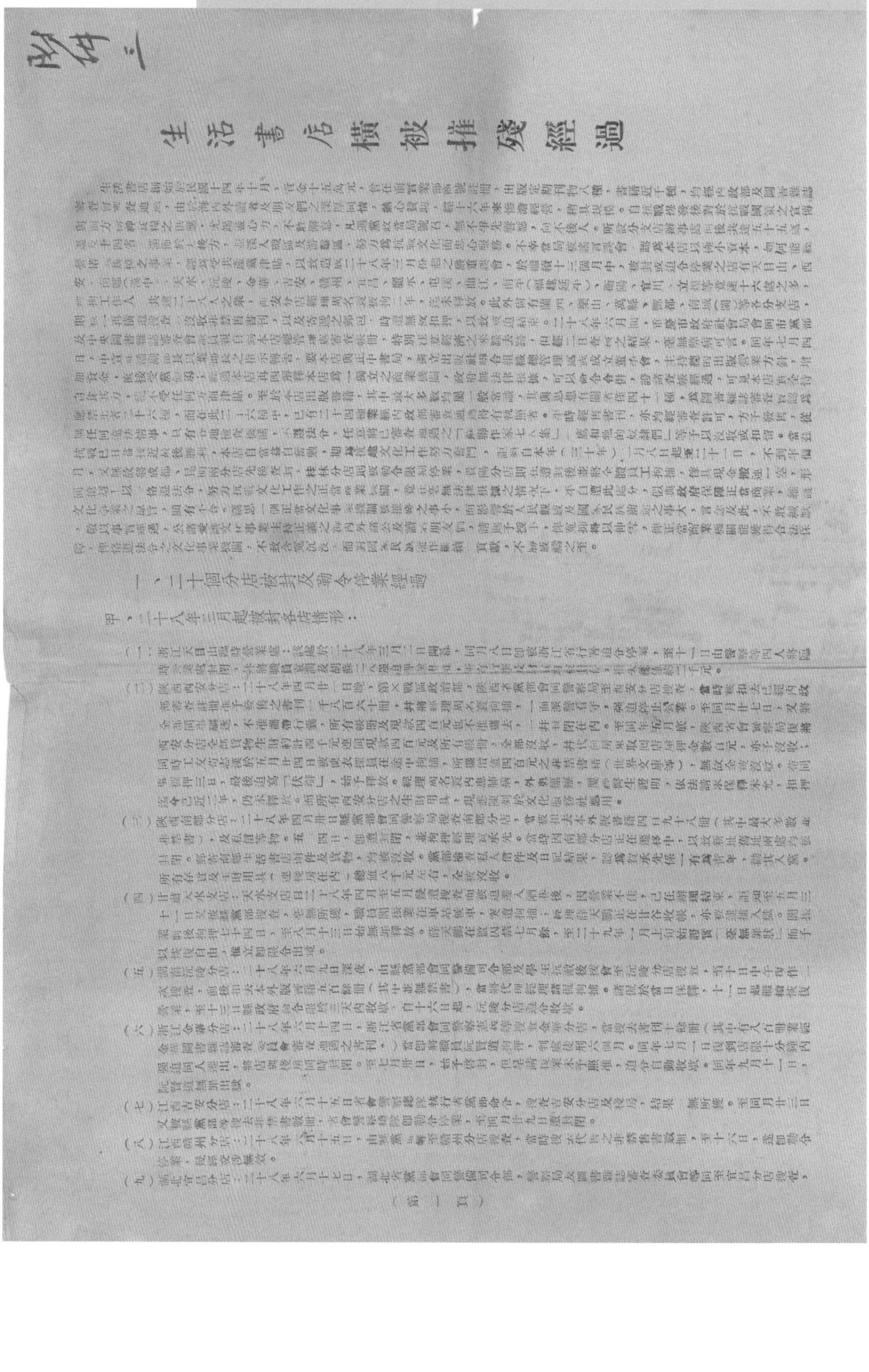
附三

生活書店橫被摧殘經過

一、二十個分店被封及勒令停業經過

甲、二十八年三月起被封各店情形：

徐伯昕《生活书店横被摧残经过》，1941年3月，页1。

（第二頁）

當時刊去書刊一千四百廿三冊（其中除本版已經內政部註冊准予發售者外，外版書中亦並無禁書）並餘均被封起，且迫令停業，並將職員楊學人拘押。楊學人被押七日，最後曾迫楊學人於六月二十三日在當地「武漢日報」登刊「悔過」啟事。至同年七月廿三日，准予啟封存貨，惟勒令自動停歇。

（十）浙江麗水支店：二十八年六月廿六日，縣黨部會同警察局搜查麗水支店，當即帶去非禁售書籍數十種，藉言要予審查，而同時即將貨棧查封（存貨總值約一萬餘元）門市亦被迫停業。

（十一）安徽屯溪支店：二十八年六月廿九日屯溪支店未經搜查，即由縣政府無故勒令限期收歇。

（十二）廣東曲江分店：二十八年七月八日晚十時，由武裝警長一人，帶領便衣探員十餘人至曲江分店搜查，當即帶去非禁售書數冊，並將店封閉。

（十三）福建南平分店：二十八年十月廿三日中午由當地警察所長「邀請」負責人（顧聯益一凡）至縣長處談話。談話終了，即派人與顧一凡同行返店，將帳冊現鈔及私人行李搬出，然後在店門上加上封條，顧一凡亦即被押。所有書籍，各檢樣本二冊審查。顧一凡至二十九年四月十三日始行無罪釋放，前後囚禁共達半年。書籍經一再檢查，至二十九年五月六日，認為無違法之處，始行發還，但不准復業。

（十四）陝西宜川臨時營業處：二十九年二月三日，深夜十二點鐘，突然打門闖進十多位武裝同志，藉調查戶口為名，將負責人周軍，職員王德瑞、林遠東等三人用繩索綑綁後解至縣政府看守所。至四日下午，經過一番審訊後，王、林二人即行釋放，周軍依然羈押。延至同月七日，周同事始行無罪釋放。

（十五）湖南衡陽分店：二十九年二月五日，下午六時半，衡陽警備司令部會同警察局、圖書雜誌審查委員會、書業公會及保甲長至衡陽分店搜查，搜查至深夜十二時，並未檢出任何一冊禁書，而結果依然將店封閉，並將職員十一人全體逮捕，拘押於警備司令部。後來幾經交涉與辯解，結果十一人在鐵索鋃鐺中押解至耒陽，經過軍法執監大宅之審詢後，認為並無罪狀，始於三月十八日准予交保釋放，雖經請求復業無效。

（十六）安徽立煌分店：立煌因地區較遠，交通運輸本極困難，加以當局凡是生活書店之郵包，概行無故扣留，因是立煌分店已於二十九年三月底開始結束，詎知至四月五日因鄰居失火而謂本店同事方鈞陽承明二人為縱火者，結果被拘押至警備司令部，且押至軍事法庭審訊，問題亦由失火事而牽涉至所謂政治問題。於是在嚴刑拷打與恫嚇之種種情形下，方應二人一直囚押至五月廿一日始行認為無罪而交保釋放。

前述十六個分支店均係直接受到摧殘與打擊而被毀滅者，其他各地分支店，除北碚係因戰局關係而撤退者外，餘均遭到各該當地當局之壓迫而無法繼續營業，（例如無故沒收非禁書刊或扣留不問內容如何之印刷品郵包等。）因之在抗戰後先後設佈於各地之五十五個分支店，迄至廿九年六月，僅剩六個分店。以六與五十五之比，其慘遭摧殘之情形，深堪痛心！

乙、本年二月起被封或勒令停業各店情形

本年二月起，本店僅存之六個分店，又橫遭迫難，未及半月，被查封與迫令停業者，竟達四個分店。總觀前後種種事實，與外間盛傳「如中央不能合併生活，只有『以消滅』之說，不無令人疑懼。最近本店負責人於接到各店"在封與限令停業之電訊後，即親赴中宣部訪晤王部長雪艇，及許主任孝炎，均負責表示中央並未發出此類命令，且亦並無此意云云。然以短短半個月不到之時間內，即行封閉八限令停業本地四個分店，其間是否確係地方性質，似有難以置信之嫌。

（一）四川成都分店：三十年二月七日四川省圖書雜誌審查會會同到店檢去書籍二十四種，至八日晨既無正式行文，亦未明示審查結果，即遭封閉。並於十二日下午由審查委員會會同三民主義青年團與警士數人到店將收已經內政部註冊與重慶市圖書雜誌審查委員會審查通過之書籍，以及並無明令查禁之書籍等二千六百八十七冊，總值約計千元。

（二）廣西桂林分店：三十年二月十日，桂林當局接到中央查封本店命令，（三民主義青年團中央團部及中央宣傳部）當約本店桂林負責人談話，限令於三日內辦理結束。至十二日晚七時餘，桂林分店門市正當顧客十分擁擠之時，忽有一個穿便服及二個穿便服者，私自將數十本非禁之純文藝書籍拿走，當時該分店門市職員認為此係竊書嫌疑，當即與之交涉，一經查詢，該二人方出示名片一張，上書「軍委會少校諜務員」及「桂林警備司令部特務連長」。非禁書籍，自屬不能任意帶走，而諜務員與該連長等，竟故撥亦不出，即逕自攜書而去。事隔半小時，該連長與警備司令部官長多人又重臨門市部，進門即大聲辱罵本店營業旺盛之景況為「毫無秩序」，並喝令顧客不准將所買之書帶走。移時，又將所有顧客及職員留駐店內，合攝一照相，並迫讀者簽名及寫明職業住址後方准相繼離去。繼後又擁進警察四名，憲兵六名，以及省黨部人員三名，將桂店職員四人拘押至警備司令部，店內留駐警察二人及憲兵一人。而捕之職員四人，經過審詢後即於當晚十二時釋放。事後發現會計課貯藏現鈔之抽屜鎖被毀，缺少現款六百餘元及各項單據，門市頂層化裝之鐵櫃十餘元，委員長白磁像二十餘個，亦已不翼而飛；收發課短少郵票百餘元；同人消費合作社所有之肥皂，織子牙膏以及其有之日用品及私人零件，亦都取去。經交涉後，信件均發還。至十四日又至棧房搜查，計抄去預備發給定戶之魯迅全集全套以及其他非禁書數十冊。

（三）貴州貴陽分店：貴陽分店於三十年二月二十日深夜二時，由當地黨政軍團憲警查封，當將經理、職員全體拘捕。至二十四日職員已陸續釋放，經理周積涵則移押於保安處。當查封之晚，貴陽分店所有之生財存貨及錢鈔，全部搬運一空，形同搶劫。目下周經理積涵仍在羈押中。

（四）雲南昆明分店：昆明分店於三十年二月廿一日晚七時被封，封存貨物之總值約在萬元以上。

按諸一般法律手續，公司或個人有犯法行為，應由主管機關根據事實控告於法院，依法判罪執行；以出版法規而論，如書店發售違禁書刊，須先通知其停售或送審，倘不遵照辦理，應依法先予警告，警告無效，則可將其宣判過，訴諸法庭，依法判罪，不應審查謬誤不准一書一刊，有若干書刊，中、通過而地方予以禁售，地方通過而中央予以查禁；更不應檢查機關不統一，不論憲兵，警察，三民主義青年團，黨部，人員，均可不經法律手續，任意不問書刊內容，不述理由，無故檢扣沒收或竟不給收據，私自取去。至於拘捕工作人員，有罪不問，有罪者，有以禁書近二十而尚未自知其罪狀者，或竟移送集中營；而又條忽無罪釋放者；甚至先有封店，再加找尋證據者。凡此種種，實屬蔑視法律，如無物；視人命如兒戲！而摧殘一文化食糧」饑荒，而俗方迫在如此摧毀文化事業，痛哉！

徐伯昕《生活书店横被摧残经过》，1941年3月，页2。

徐伯昕《生活书店横被摧残经过》，1941年3月，页3。

二、書刊被非法扣留及查禁情形

依據三年來各地分店被捕人之種種事實，其唯一之理由，謂爲本店有出售禁書刊之嫌。但在事實上，本店自二十九年四月份起，已依照中央圖書雜誌審查委員會對一般書業之辦法實行，即在二十九年四月以前出版之書籍，除有通令禁止者已遵令停售外，餘均依法售賣；在四月以後出版書籍，須一律將原稿送審，本店亦均遵令辦理，並未稍懈，且均有事實案據，足以證明。即就本店所有之出版物而論，迄至最近，其總數爲九百六十餘種，被列入爲禁書者，僅止二十六種，而在此二十六種中，尚有二十四種已經審查通過及早經內政部註冊者，且此絕對少量之禁書，事實上均已遵令停止發賣。茲將書刊被扣及查禁情形分述如後：

（一）長篇文藝創作「新生代」已經廣西省圖書雜誌審查委員會審查通過，並載有桂書字第十四號審查證，後遭中央審查委員會命令禁售，各地存書全被沒收。以同一審查機關審查通過之書籍，仍遭查禁，審查會不負任何責任，則出版之人權益與損失，已全無法律保障可言。

（二）兒童故事「鵝和他的奴隸們」及翻譯小說「綠[illegible]作家七人集」兩書，先後遭中央查禁。蓋前者執有重慶市圖書雜誌審查會審查證渝圖字六七八號，後者執有重慶市圖書雜誌審查會審查證渝圖字第九五九號。經幾度交涉，方始准予解禁，然各地在查禁期內被扣沒收之數量，已屬損失不貲！

（三）已經內政部審查通過准予註冊發行之書籍如「中國外交史」（內政部註冊執照警字第九七二號）「救亡手冊」（警字第九八〇二號）「從搭世界到新世界的外交」（警字第九七八五號）「中國不亡論」（警字第九七三八號）「給初學寫作者的一封信」（警字第九八四二號）「抗戰歌曲第一集」（警字第九七一四號）「抗戰歌曲第二集」（警字第九八七一號）「德國農民戰爭」（警字第九九七五號）等八種，均先後被查禁，扣留及沒收之數量，不勝計算。以經過政府審查許可發行之書籍，而又遭政府查禁，出版界之困難，於此可見。

（四）廿九年四月一日至十八日以前本店出版之「小革命家」「趙老太太」「四勸」「戰鬥」「中國政治史講話」「黨獄」「一年間」「國際縱隊從軍記」「抗日根據地與西北區」「近代中國經濟史」「新哲學概論」「政治經濟學講話」「法西斯政治」等書十三種，均被中央圖書雜誌審查委員會查禁（其中「四勸」「戰鬥」「黨獄」「一年間」「近代中國經濟史」等五種，均已由內政部審查通過，准予註冊發行）。在各出版業在四月前所發排稿件，均未將原稿送審，後經四月十六日呈准複審，當由中央圖書雜誌審查委員會第二十六次會議議決，「令飭依照書籍雜誌在禁解禁暫行辦法呈核辦理」當將被扣經過，暨扣書數額多至三千餘冊，抄表呈報，請求准予解禁，經七月二日，八月三十日，十二月五日，本年一月廿二日迭次函催，時隔近年，迄未接奉解禁，顯係故意拖延。

（五）最近成都分店之被封，據四川省圖書雜誌審查委員會稱因成都分店一再售賣「組織工作讀本」等禁書，此與事實不符，蓋「組織工作讀本」一書，早經內政部註冊且執有警字第九八一七號註冊執照。而在事後沒收之書籍中計有：「世界知識讀本」（執有內政部註冊執照——以下簡稱註冊執照——九八二二號），「戰爭途中的日本」（執有重慶市圖書雜誌審查委員會審查證——以下簡稱審查證——渝圖字七七一號），「[illegible]之路」（執有審查證渝圖字八八二號），「[illegible]」（執有註冊執照九八二四號），「國際現勢讀本」（執有註冊執照一七八四號），「什麼是新啓蒙運動」（執有審查證渝圖字六九〇號），「突擊」（執有審查證渝圖字九八九號），「黃花崗」（執有審查證渝圖七一九號），「戰爭[illegible]」（執有註冊執照九八四三號），「封建主義」（執有註冊執照九八四〇號），「鐵流」（執有註冊執照一〇〇二四號），「思想方法論」（執有註冊執照九七一〇號），以及其他本版書刊大衆讀物暨與外版書如鄒韜奮先生演講集等合計二千六百八十七冊，總計約值千餘元。以此已遵令審查，且已獲得法律保障之大量書籍，仍在「一再售賣禁書」之藉口下予以沒收，則出版商人之合法權益何在？

（六）各地郵局無故查扣書刊及違警沒收書刊，不勝枚舉，例如：

A. 廿八年七月九日萬縣憲兵第三團第三營第八連向萬縣分店搜去內政部審查通過准許發行之書籍「民衆動員論」（警字第九七八九號），抗戰與外交（警字第九七三九號），「遊擊戰與遊擊術」（警字第九七九六號）等共四千三百四十冊，經再三交涉，迄未發還。

B. 廿九年一月六日，寄往皋蘭青年書店之掛號郵包九件，內係「[illegible]」等一百六十八冊，及一月八日續寄之郵包九件，內係「全民抗戰」等期刊三百五十冊，均被宿縣檢查員全部扣留。

C. 廿九年二月二十日由渝寄曲江分店之書籍十二種，內係「國際現勢讀本」二百本，及「抗日游擊戰術問題」四十二冊等，全部被曲江駐郵局檢查員扣留。

（七）「全民抗戰」按期均經重慶市圖書雜誌審查委員會審查通過後印行，而各地仍有時予非法扣留或無故沒收之事實。尤有甚者，如前南鄭分店發售該刊，非經當地重行審查總不能自由發售；至鄭店被封閉後，同業代售該刊，竟有明令禁止發售者。繼後至該刊第一四四期與一四五期，因重慶市圖書雜誌審查委員會受空襲影響而遷至南岸辦公，通知「全民抗戰」社一俟期原稿祇能作一次送審，且須隔天始能取回，查過去週刊每期至少須分二次送審，並規定審查時間，苟遇不得過一日，該刊作爲分困難中，仍勉力照辦，但遇有時間性之稿件，常因審查往返需時遲誤送審稿件相當後相先之稿件臨時無法送審，故有於次期原稿送審時一併補行送審。而一四四期與一四五期稿件中，因有「領導青年的方法問題」，及「最近國際局勢與敵寇誘降陰謀」兩文，審查會認爲內容有不妥處應予刪改或免登，當時因該兩期均已排印，不及抽改，故決定將應行修正處徐抹後發售，且曾將該審查會主任許事面允，詎料事後，由中宣部通令各地將該兩期予以查禁，而各地方審查機關竟擴大爲自一四五期以後之「全民抗戰」概行禁止發售，此種誤會，直屬冤抑莫明！

總之本店對於出版書刊方面，素來絕對服從法令，接受糾正。惟審查會對本店出版書刊之審查，一天嚴格一天，已經審查通過在雜誌上發表過之文字，另印單行本時，又須重加刪改，稿件被扣，日益增多，並通令各地學校不採用已審查通過之教科書及參考書。在運輸上更受各水陸交通機關嚴格限制，並檢扣郵件。其他如浙江四等地，凡印有「生活書店」字樣之書籍，不問內容，一律禁售，如發現即予沒收。甚至在二十九年夏本店總管理處不幸被敵機炸毀，同仁正在搶救出物，而憲警則來搜檢紙型以去，如此慘酷非法摧殘，夫復何言！

（第三頁）

四、生活书店为封店事与国民党政府间往来函件及底稿

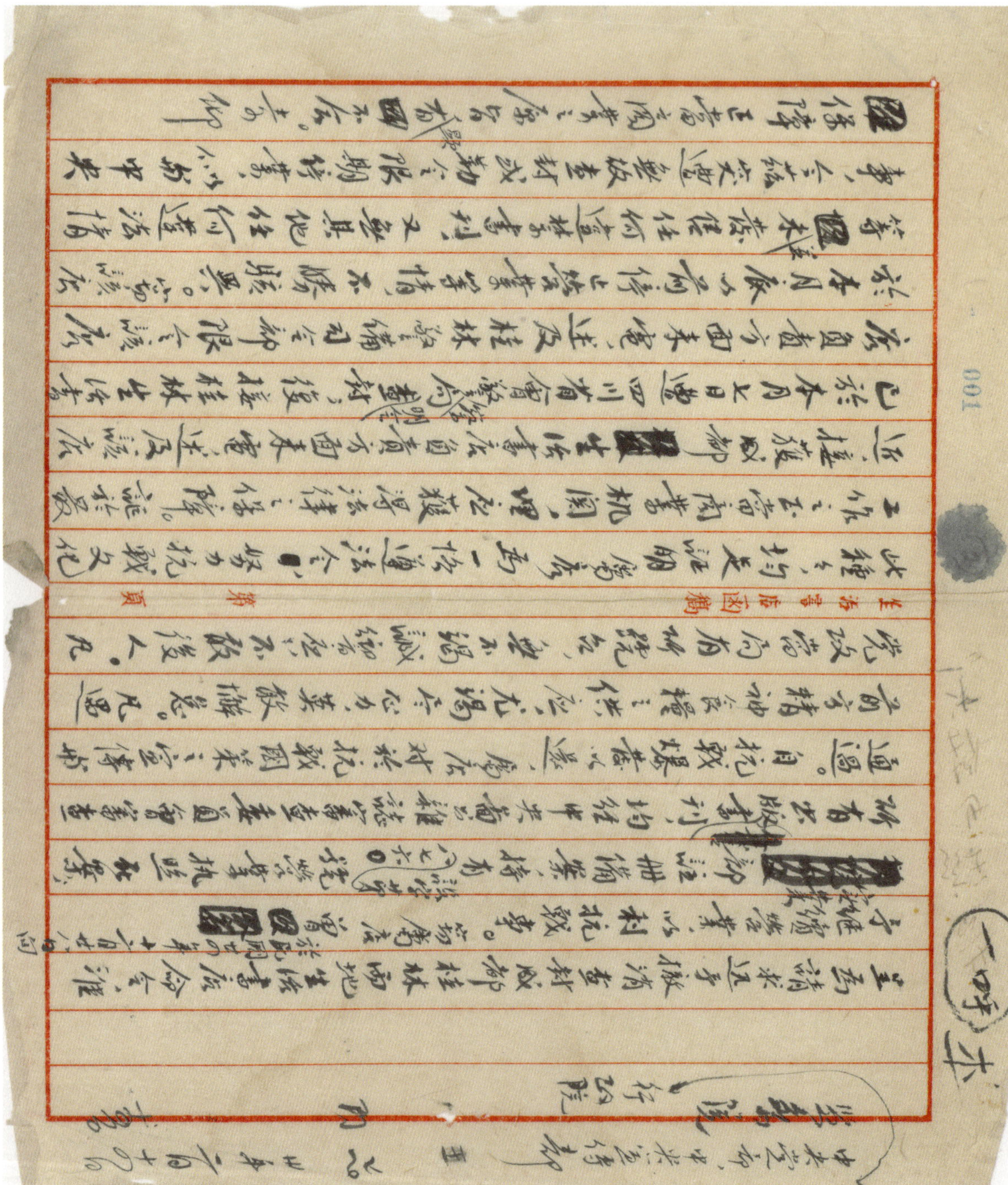

生活书店请求迅予撤销查封命令函，1941年2月14日，页1。

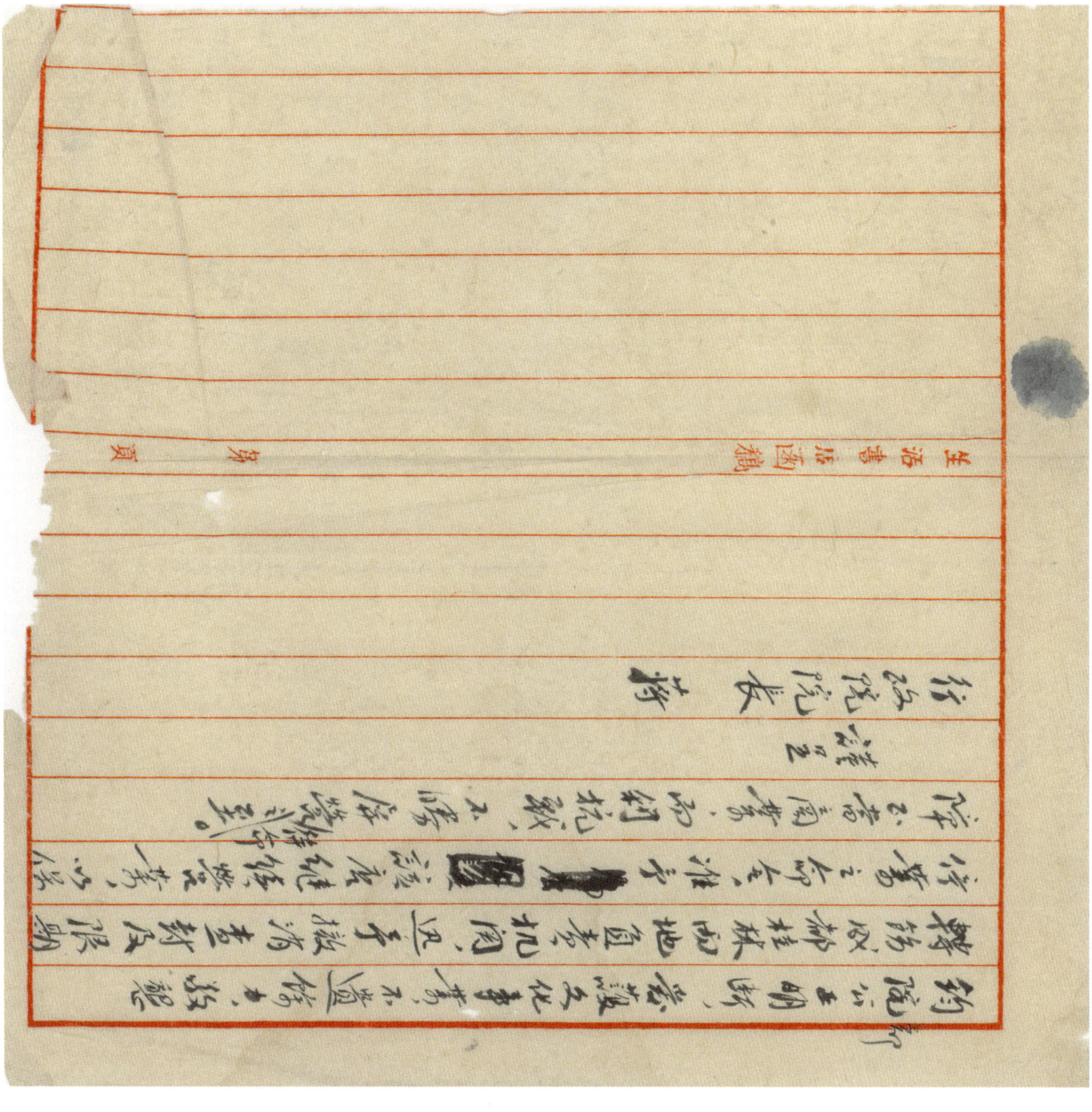

生活书店请求迅予撤销查封命令函，1941年2月14日，页2。

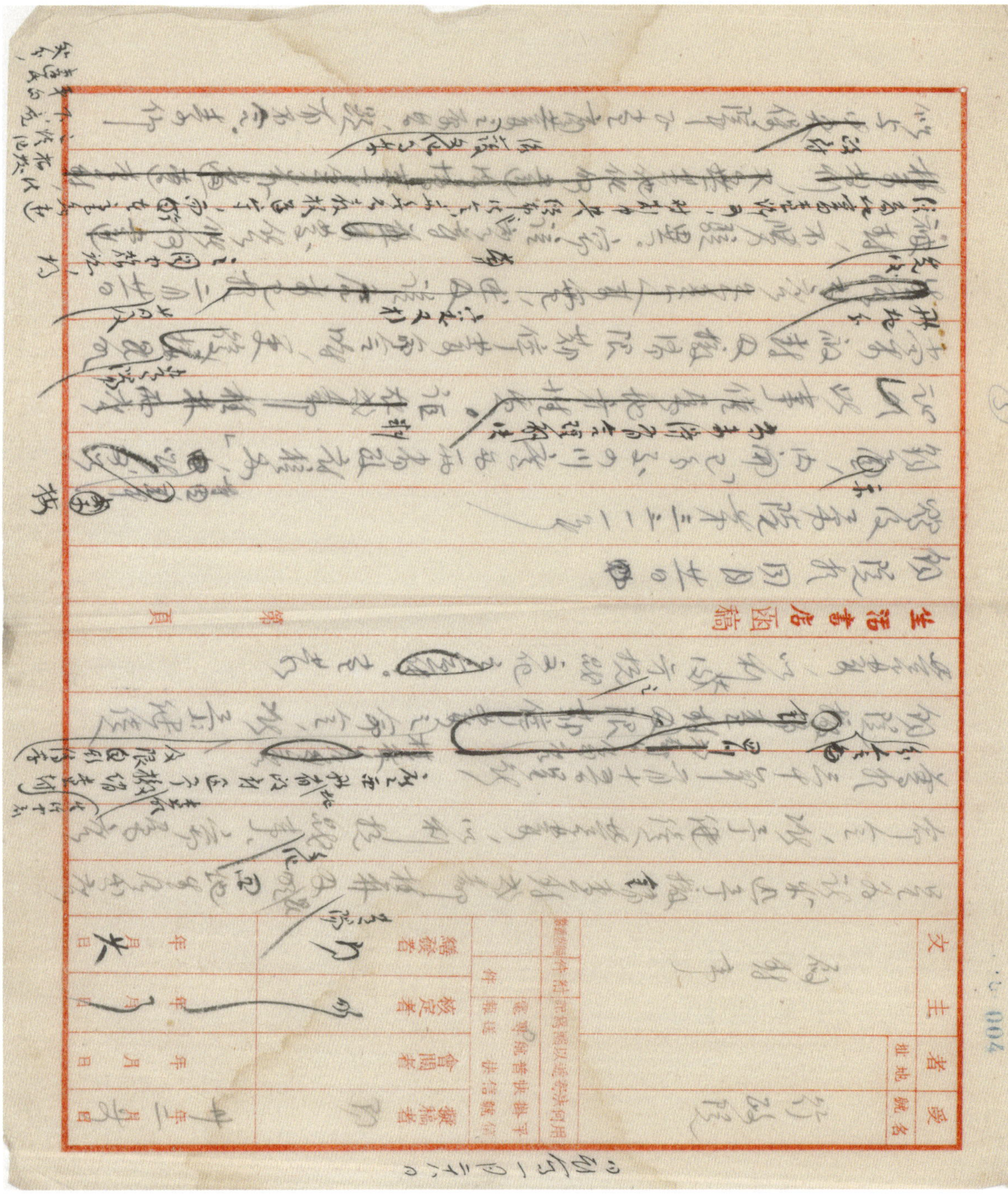

生活书店致行政院请求迅予撤销查封四店函底稿，1941年2月24日，一页。

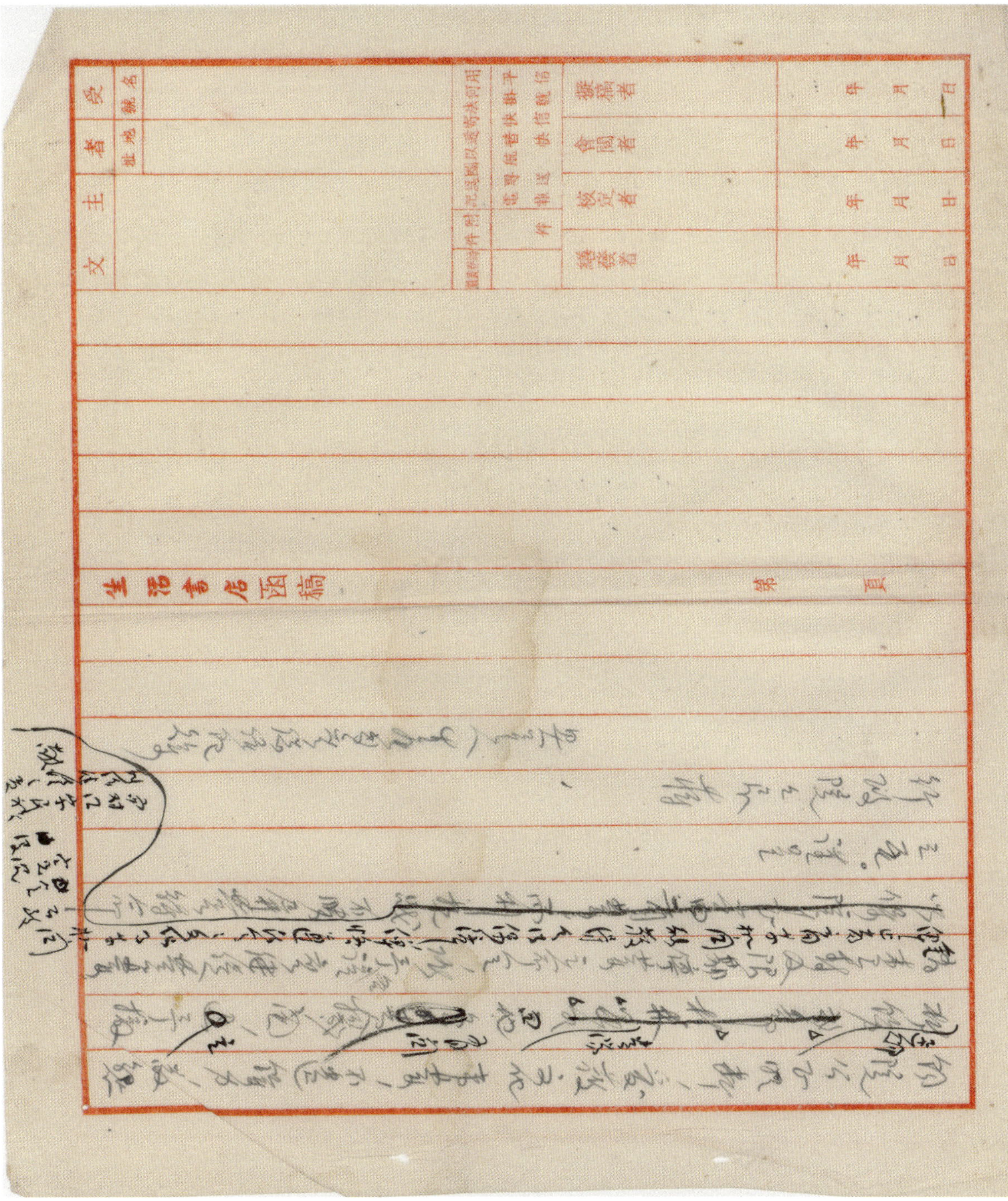

生活书店致行政院请求迅予撤销查封四店函底稿，1941年2月24日，页2。

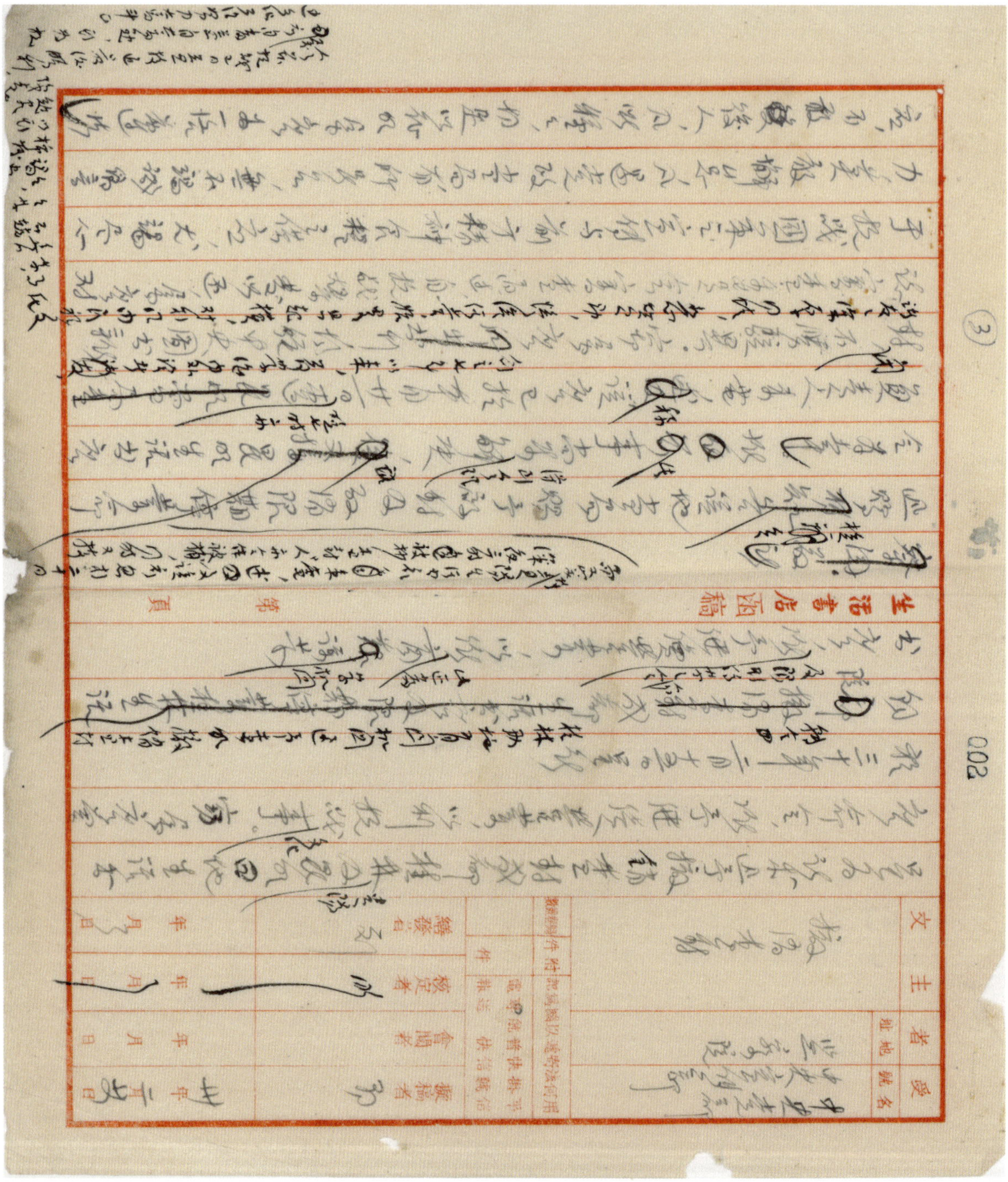

生活书店致中央党部、中央宣传部、监察院请求迅予撤销查封四店函底稿，1941年2月24日，页1。

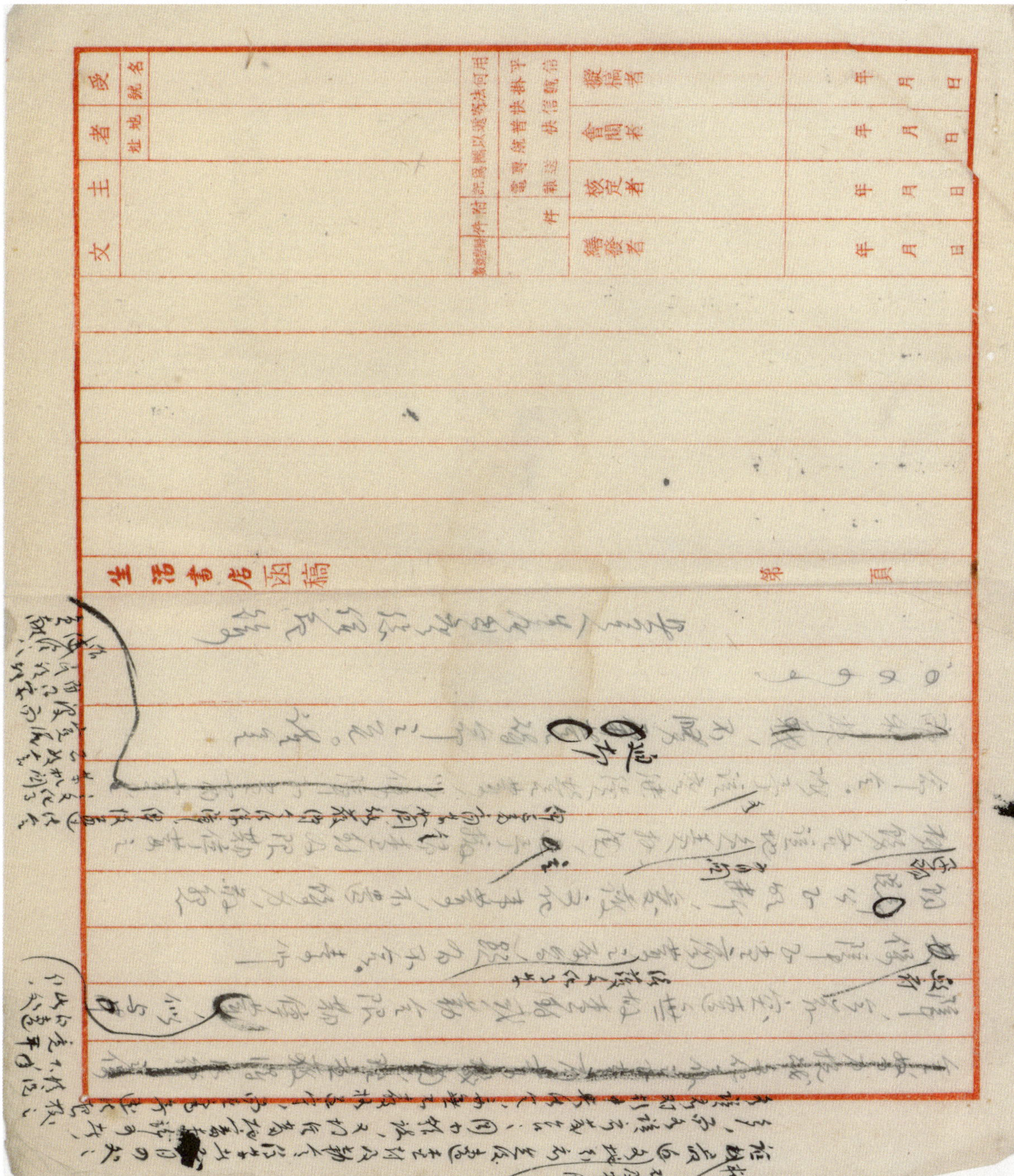

生活书店致中央党部、中央宣传部、监察院请求迅予撤销查封四店函底稿，1941年2月24日，页2。

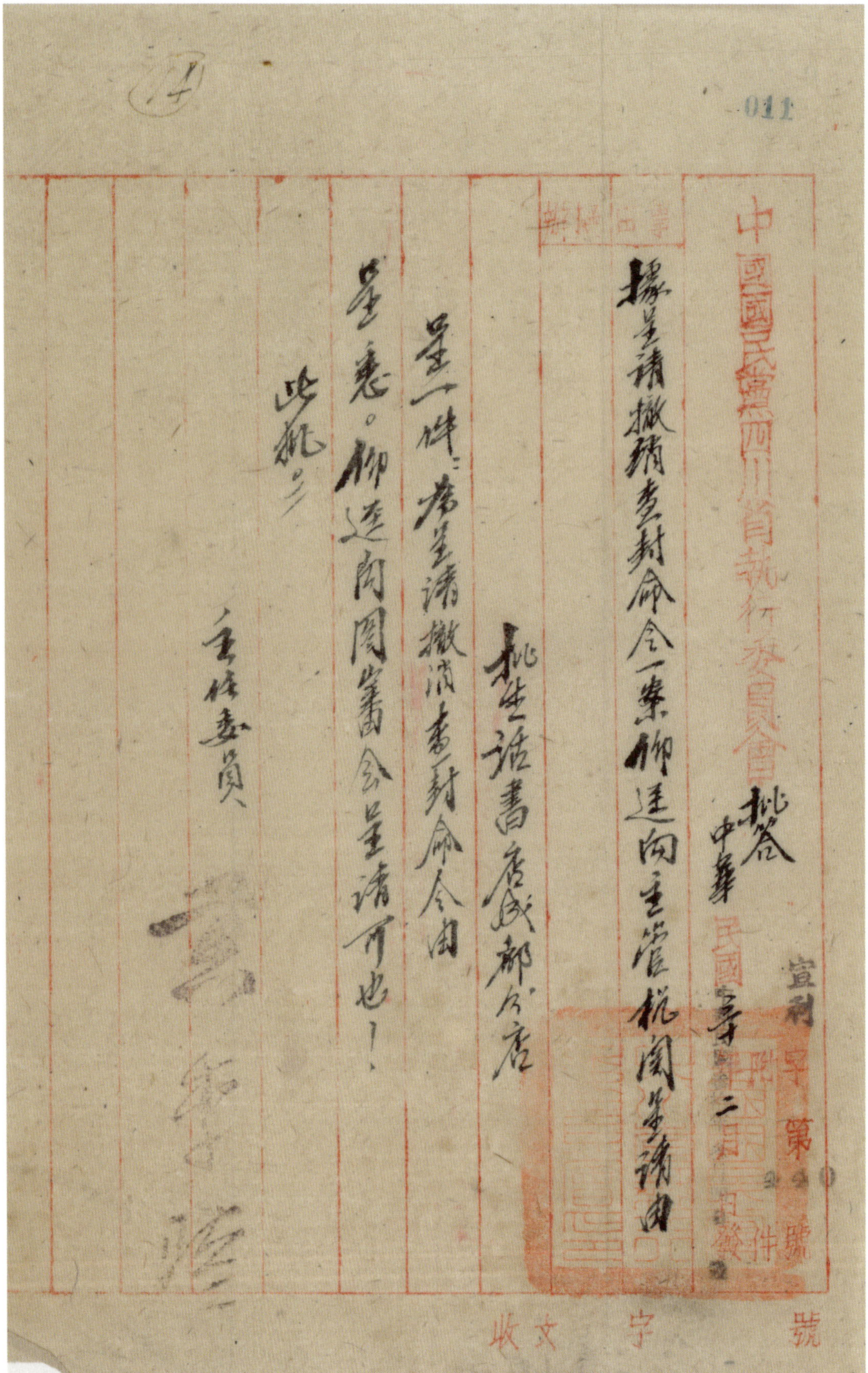

中国国民党四川省执行委员会批答，1941年2月。

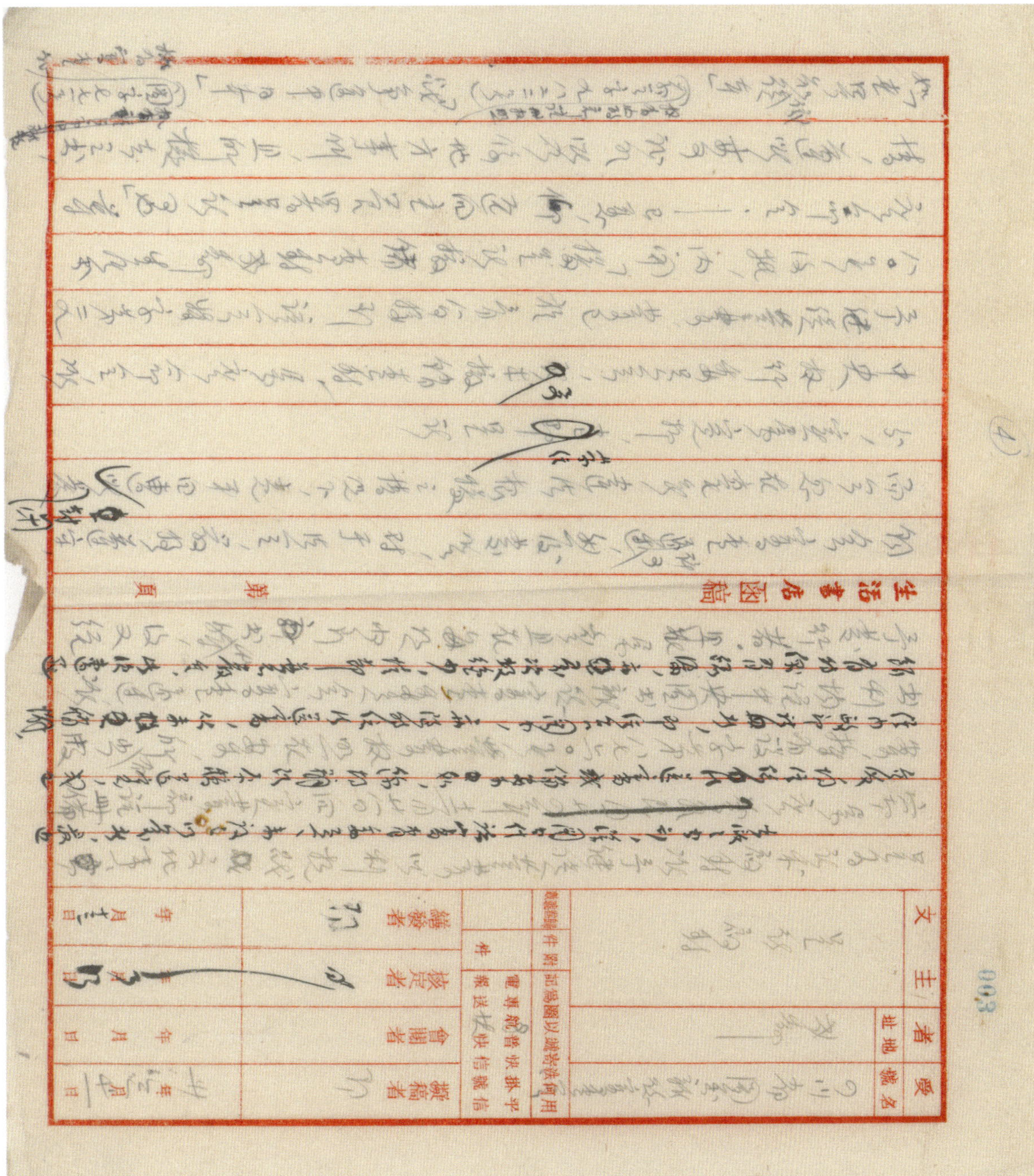

生活书店致四川省图书杂志审查委员函底稿，1941年3月11日，页1。

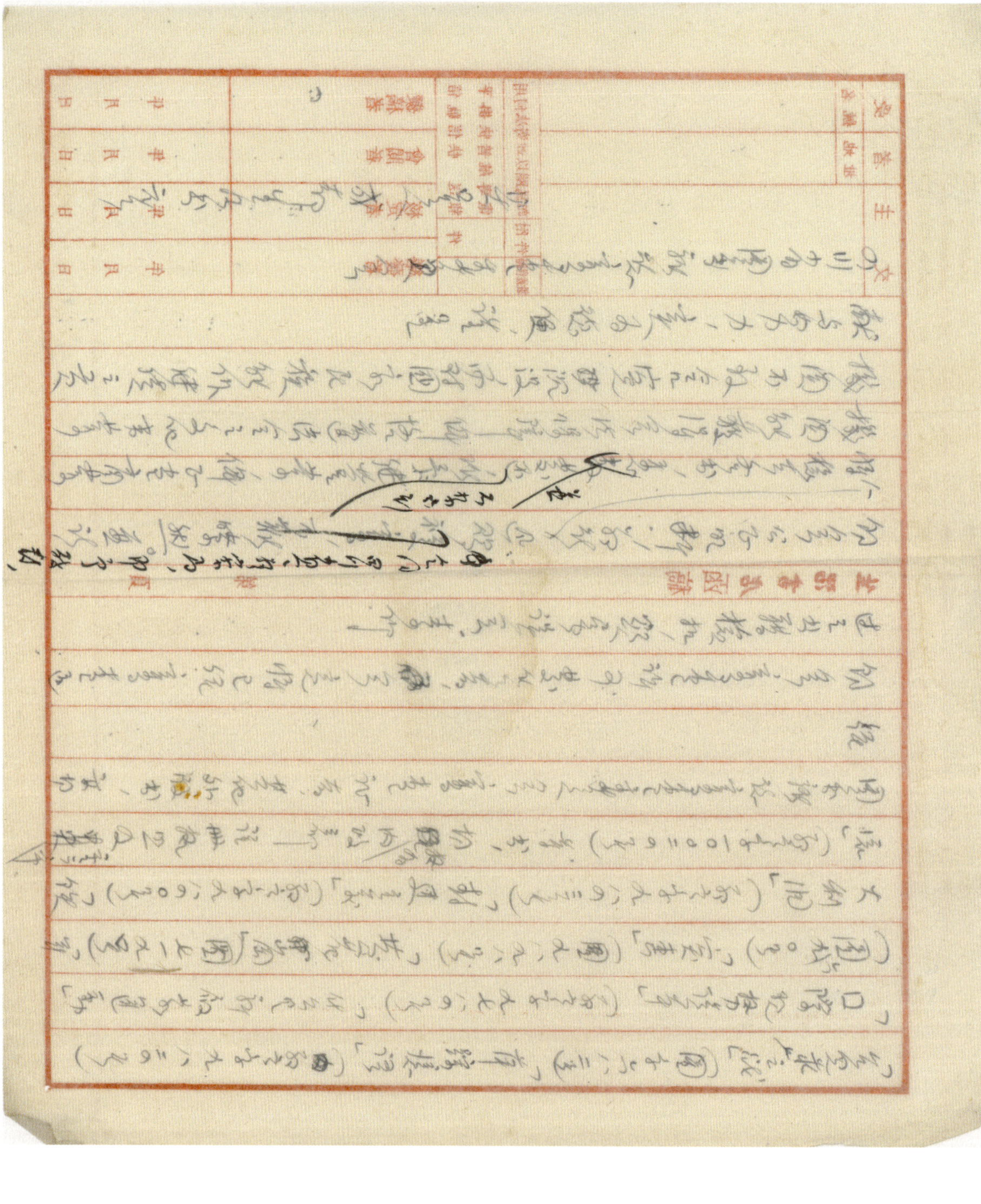

生活书店致四川省图书杂志审查委员函底稿，1941年3月11日，页2。

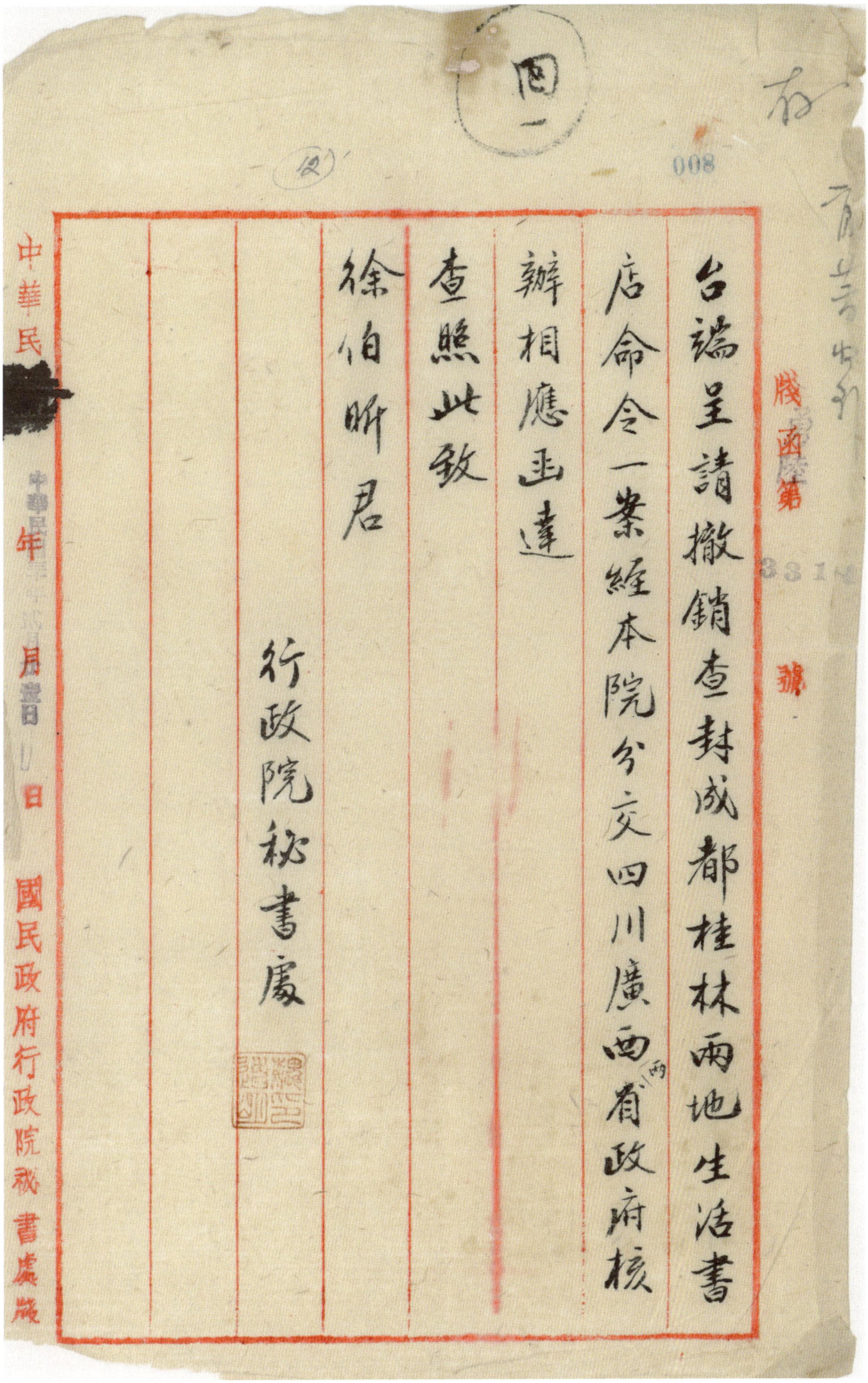
台端呈請撤銷查封成都桂林兩地生活書店命令一案經本院分交四川廣西兩省政府核辦相應函達查照此致

徐伯昕君

行政院秘書處

國民政府行政院秘書處箋

国民政府行政院秘书处致徐伯昕函，1941年2月21日。

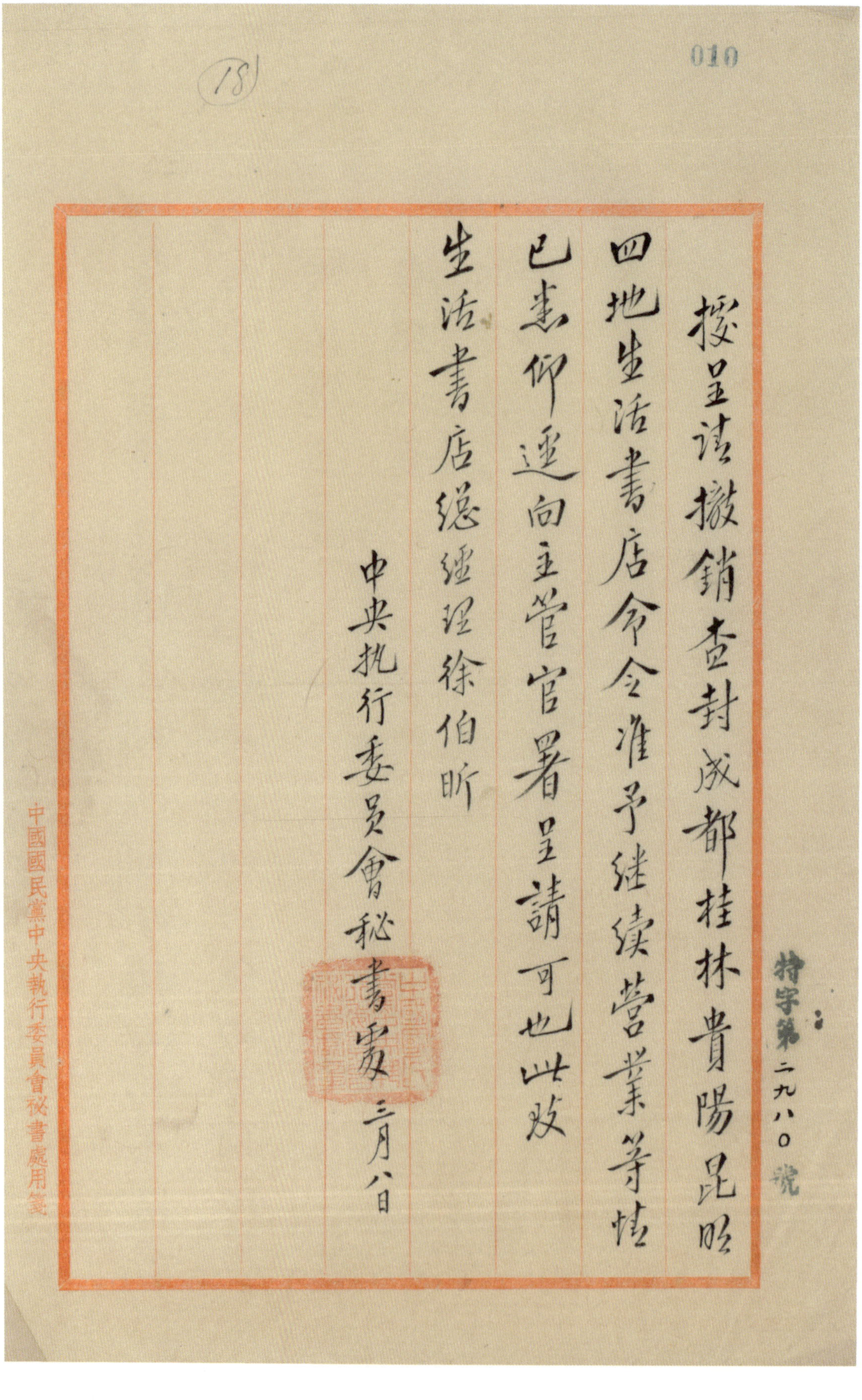
(18)

010

據呈請撤銷查封成都桂林貴陽昆明四地生活書店令令准予继续營業等情已悉仰逕向主管官署呈請可也此致

生活書店總經理徐伯昕

中央执行委員會秘書處
三月八日

特字第二九八〇號

中國國民黨中央執行委員會秘書處用箋

中央执行委员会秘书处致徐伯昕函，1941年3月8日。

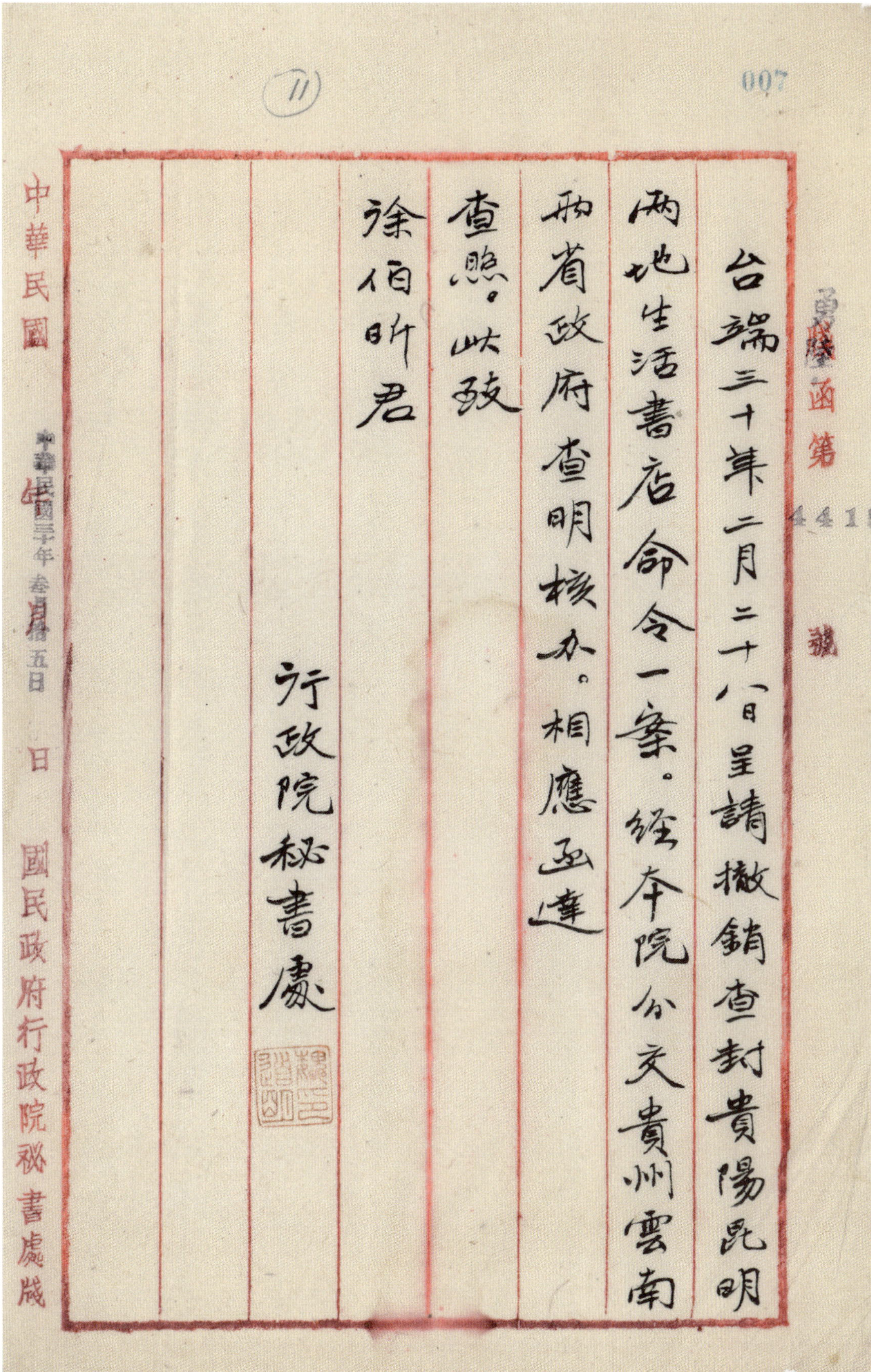

007

(11)

函第4415號

台端三十年二月二十八日呈請撤銷查封貴陽昆明兩地生活書店命令一案。經本院分交貴州雲南兩省政府查明核辦。相應函達

查照。此致

徐伯昕君

行政院秘書處

中華民國三十年叁月拾五日

國民政府行政院秘書處箋

国民政府行政院秘书处致徐伯昕函，1941年3月15日。

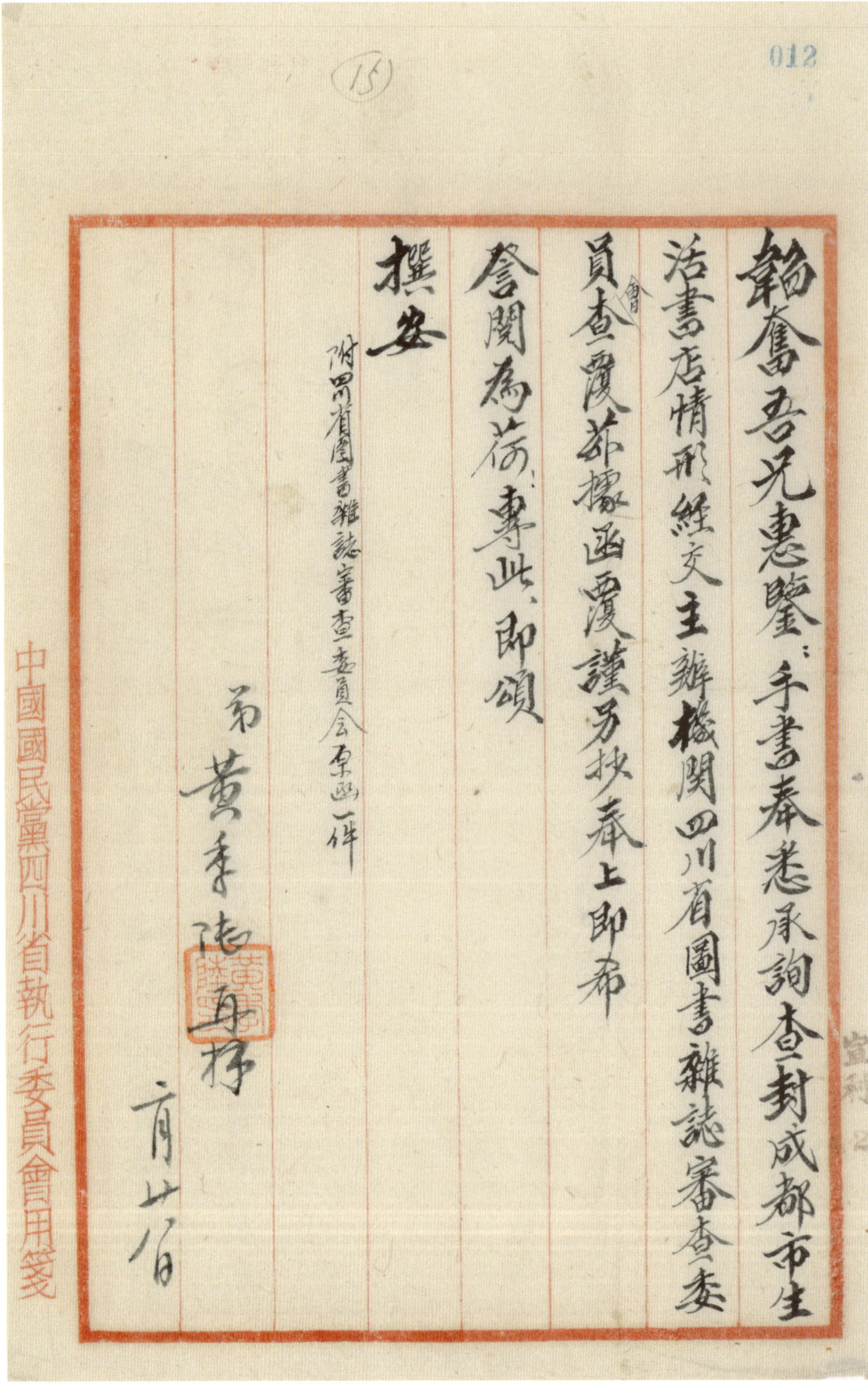
012

(15)

韜奮吾兄惠鑒：手書奉悉，承詢查封成都市生活書店情形，經交主辦機關四川省圖書雜誌審查委員會查覆，茲據函覆，謹另抄奉，上即希詧閱為荷。專此，即頌

撰安

附四川省圖書雜誌審查委員會原函一件

弟黃季陸拜

二月廿八日

中國國民黨四川省執行委員會用箋

国民党四川省党部主任黄季陆致邹韬奋函，1941年2月28日。

16

附抄四川省图書雜誌審查委員會原函一件

頃准貴會函送重慶學田塆五號衡舍鄒韜奮函一件對查封成都生活書店有所置議嘱即查覆等由查本市生活書店自成立迄今散佈違禁書刊幾無日無之除去年七月以前不計外自去年七月起先後在生活書店查得違禁書刊計七月廿三日有十四種九月十日有七種十月廿八日有六種十二月廿日有九種一月十日有七種二月七日有八種凡此諸書類多立論偏激分化團結或曲解三民主義或鼓吹階級鬥爭强調階級對立或攻擊國軍詆毁政府或立論不確影响國防或顛倒事

中國國民黨四川省執行委員會用箋

黄季陆函附抄四川省图书杂志审查委员会原函，1941年2月25日，页1。

实淆惑人心或鼓吹分裂整個國家民族之反動行為以破壞全國之統一
此皆經取締有案者至故不送審之書刊而其內容亦如上述違反修正抗
戰期間圖書雜誌審查標準者則不勝枚舉本會迭次檢查一一警告仍
不悛改甚至朝令禁止散佈夕又公然發行此種行為不特故意藐視法令
而實屬違背全國人民所共守之抗戰建國綱領若不再予嚴厲之處
分將何以齊一國民之思想保障抗戰之勝利本會職司檢查為維護法令
計勢難再予寬容爰於本月八日函請四川省會警察局將該書店查
封當查得違禁經通令取締之書刊組織工作讀本等十餘種違反規

中國國民黨四川省執行委員會用箋

黄季陆函附抄四川省图书杂志审查委员会原函，1941年2月25日，页2。

之故不送審內容諸多荒謬之書刊四十八種除將上述各書分别没
收扣押外其他各種書刊均予發還惟該書店既迭次藐視法令應予
從嚴取締復經本會第二五次常務會議議決對該生活書店予以停
止營業之處分并已函請四川省會警察局執行在案所有處理本市
生活書店處理經過情形相應函請查照至邵君所稱該書店書刊均經
中央圖審會審查通過實為不確往者勿論即以此次檢查而言亦查得有
四十餘種未經中審會審查通過而公然散佈者合併聲明此致四川省党
部

四川省圖書雜誌審查委員會 有蒸日

中國國民黨四川省執行委員會用箋

黄季陆函附抄四川省图书杂志审查委员会原函，1941年2月25日，页3。

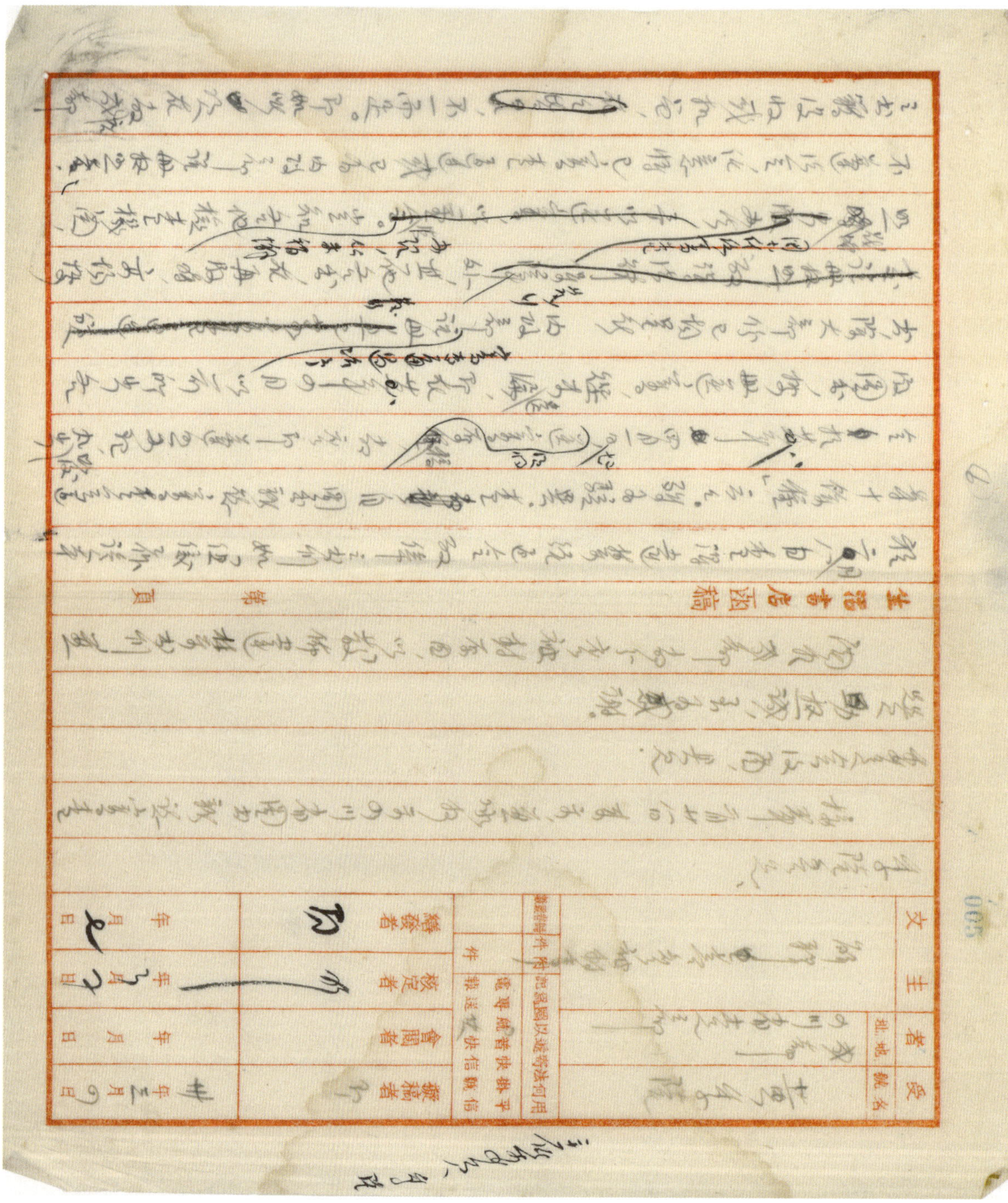

邹韬奋致黄季陆解释书店被封事函底稿，1941年3月4日，页1。

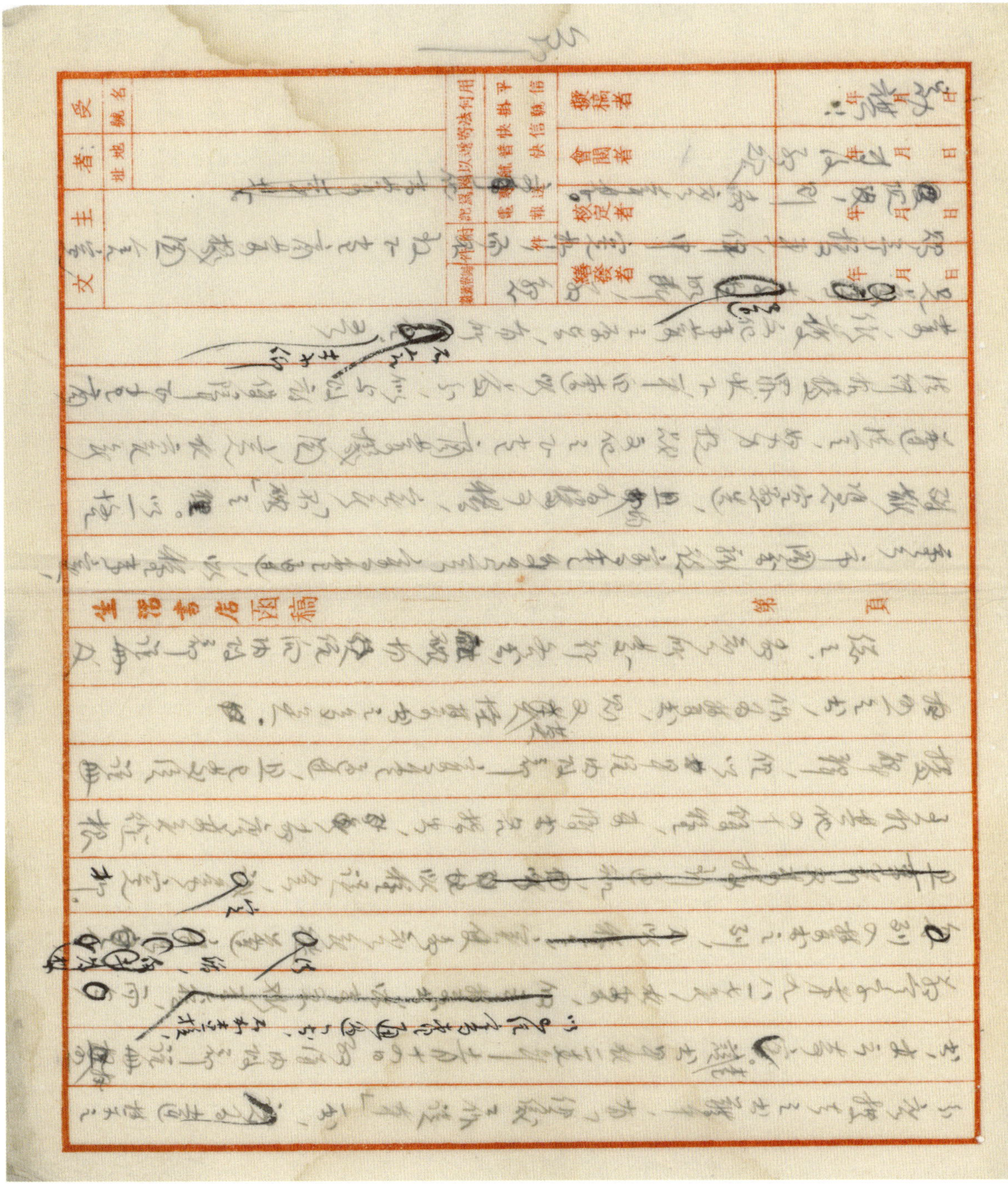

邹韬奋致黄季陆解释书店被封事函底稿，1941年3月4日，页2。

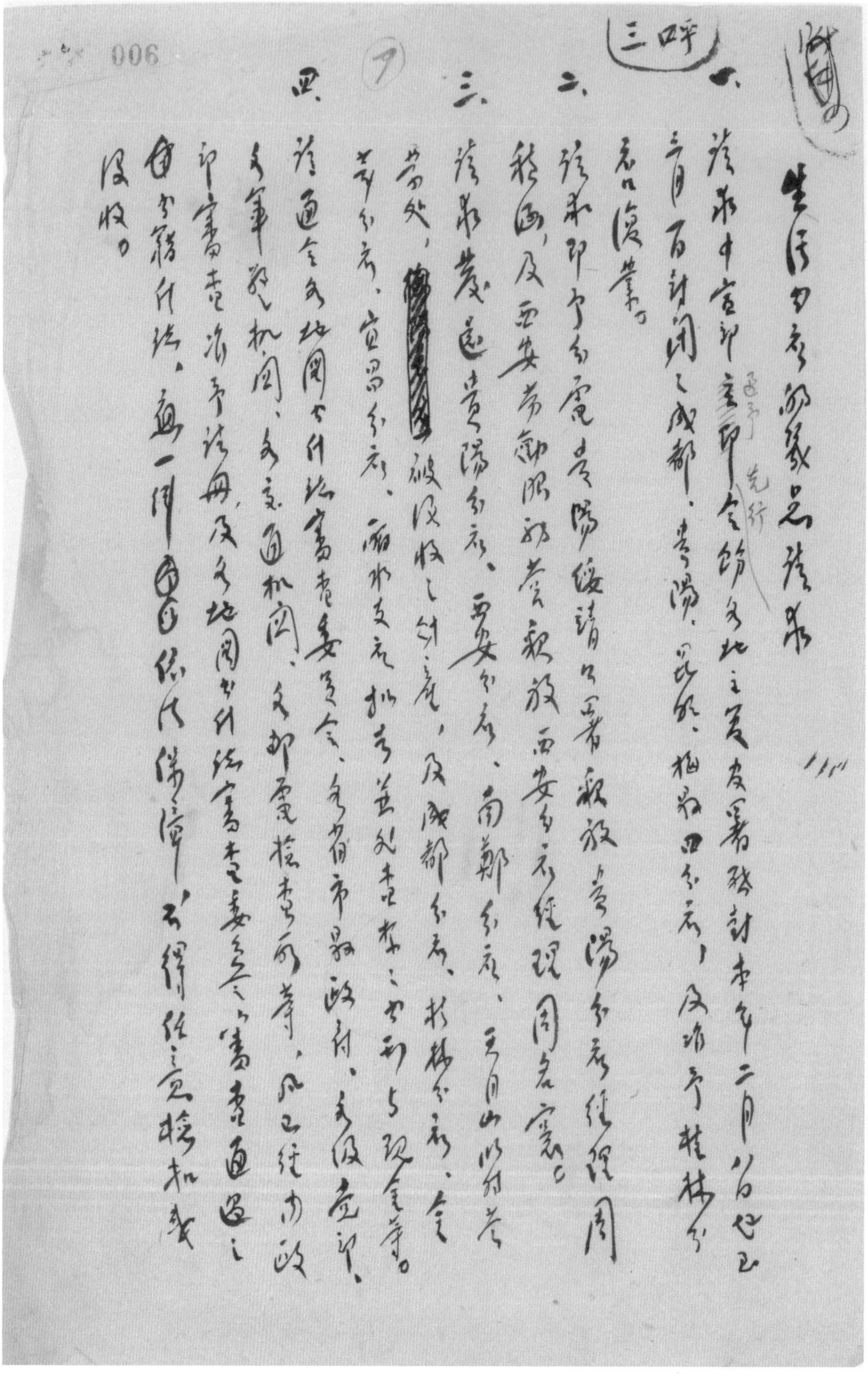
三呼

006

生活书店几点请求

一、请求中宣部即令饬各地主管官署发还本年二月以前已查封之成都、贵阳、昆明、桂林分店及曲江分店营业。

二、请求即予电贵阳缓请省署释放贵阳分店经理周积涵，及西安当局释放西安分店经理周名寰。

三、请求发还贵阳分店、西安分店、南郑分店、天目山办事处，被没收之什书，及成都分店、桂林分店、金华分店、宜昌分店、丽水支店抄去并以查禁之书刊与现金等。

四、请通令各地图书杂志审查委员会、各省市县政府、各级党部、各军警机关、各交通机关、各邮电检查所等，凡已经内政部审查通过之书刊及各地图书杂志审查委员会审查通过之书籍什志，应一律尊重保障，不得任意检扣和没收。

邹韬奋书「生活书店的几点请求」，由黄任之转中宣部王部长，页1。

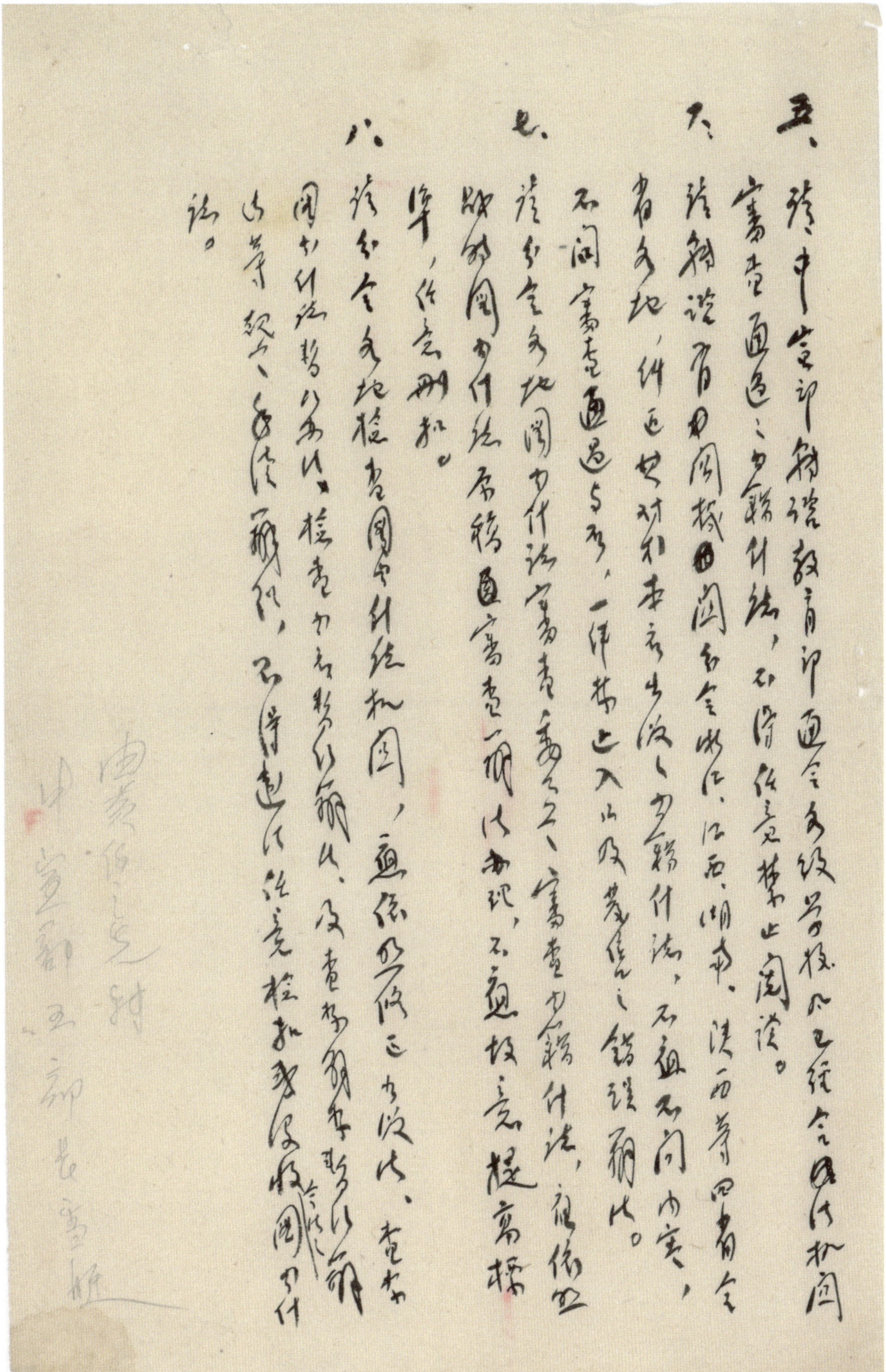

五、请中宣部转请教育部通令各级学校及已经合法机关审查通过之书籍杂志，不得任意禁止阅读。

六、请转请内政部通令[illegible]浙江、湖南、陕西等四省全省各地，停止对于本店出版之书籍杂志，不[illegible]不问内容，不问审查通过与否，一律禁止入口及发售之错误办法。

七、请令全国各地图书杂志审查委员会，审查书籍杂志，须依照出版法图书杂志原稿审查办法规定，不应任意提高标准，任意删扣。

八、请令全国各地检查图书杂志机关，应依照修正出版法、查禁图书杂志办法规定，检查书店书籍时，[illegible]内容，[illegible]，不得任意检扣[illegible]图书杂志。

由黄任之先生转
中宣部王部长鉴核

邹韬奋书「生活书店的几点请求」，由黄任之转中宣部王部长，页2。

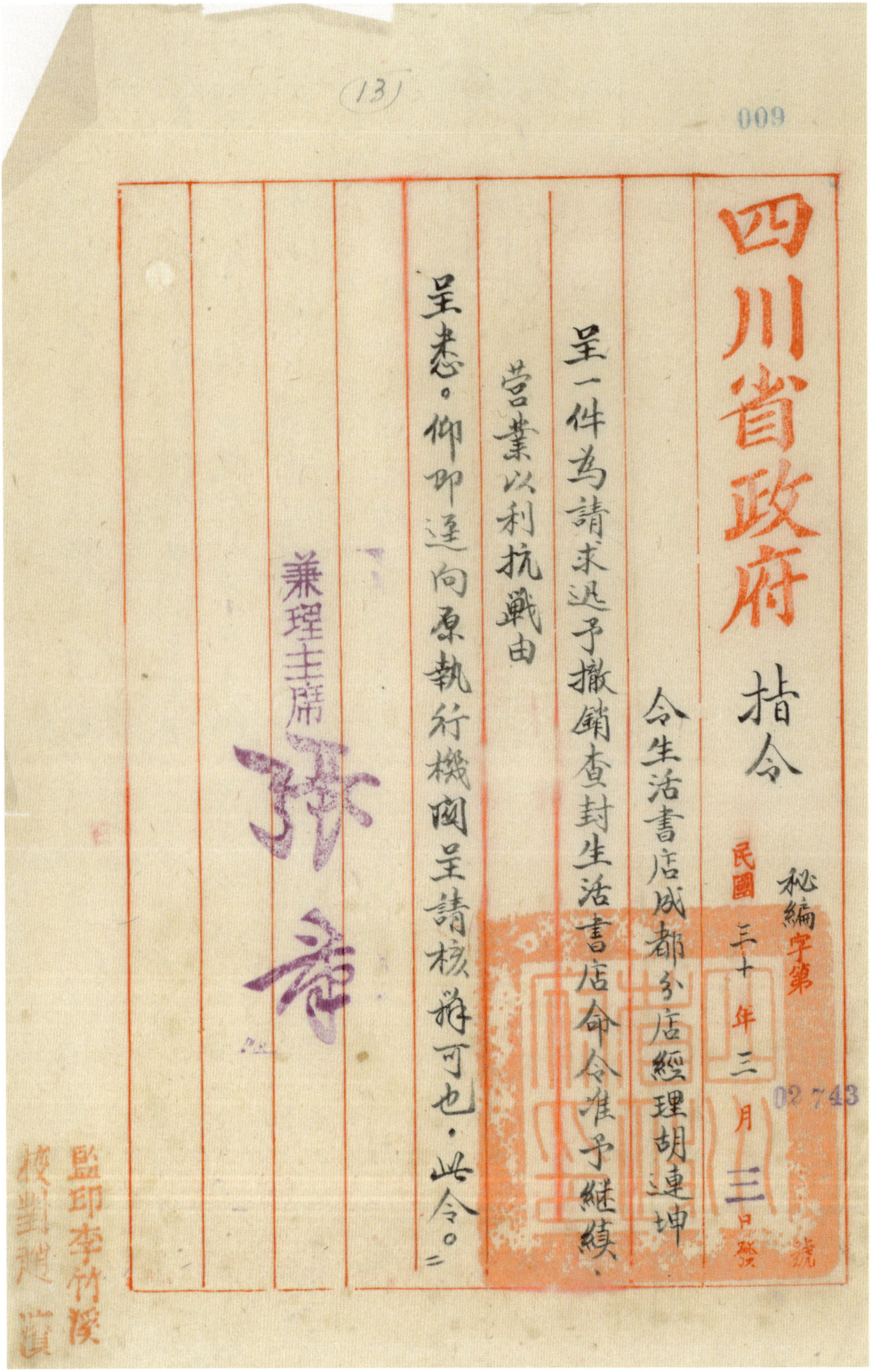
四川省政府 指令

秘編字第　號

民國三十年三月三日發

令生活書店成都分店經理胡連坤

呈一件為請求迅予撤銷查封生活書店命令准予繼續營業以利抗戰由

呈悉。仰即逕向原執行機關呈請核辦可也。此令。

兼理主席 張群

監印李竹溪

校對

四川省政府指令，1941年3月3日。

四川省圖書雜誌審查委員會 批

揺字第戊號

民國三十年三月五日發

事由：爲呈請繼續營業礙難照准由

批生活書店成都分店經理胡連坤

呈悉。查該書店前售違禁反動不送審書刊，業經本會檢查有案，殊屬藐視法令，而來呈又復擅稱自開始營業以來所有發售書刊均經中央圖書雜誌審查委員會審查通過等情，殊與事實不符，所請繼續營業礙難照准。

四川省图书杂志审查委员会批复，1941年3月5日，页1。

附录

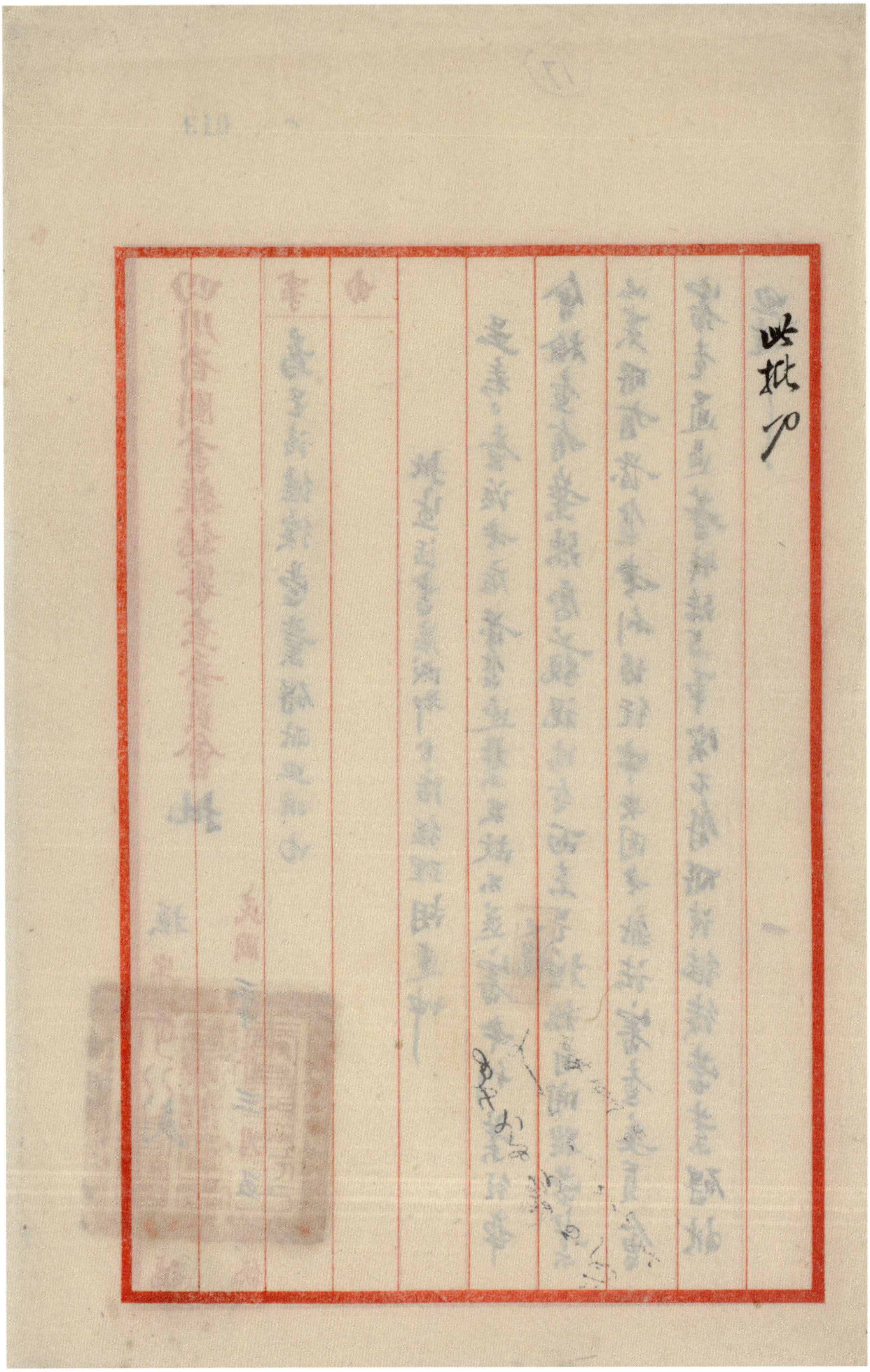

四川省图书杂志审查委员会批复，1941年3月5日，页2。

生活书店：为文化艰苦奋斗的岁月

「整个中华民族是在艰苦困难奋斗中，每一个以中华民族优秀儿女自勉的中国同胞，当然都跳不出这个范围，其实也都不应该逃避这个现实。我们应该以百折不回的继续奋斗来克服艰苦困难，而不应该为艰苦困难所克服！」[一] 这是生活书店的创始人和精神领袖邹韬奋先生在1939年所发出的呐喊。在「艰苦困难中奋斗」，它概括了抗战全面爆发后，生活书店和中国进步的文化出版事业的境况和姿态：艰苦多多，困难重重，又奋斗不止。

一、「运用民主集中的原则于事业管理之中」

生活书店的发展经历了这样几个阶段：从1925年10月《生活》周刊创刊到1932年6月宣告独立经营，为后来的生活书店打下坚实的读者基础，可以看作是它的准备期。1932年生活书店正式创办，到1937年抗战全面爆发，生活书店筚路蓝缕，锐意创新，这是它的发展壮大期。抗战全面爆发后，生活书店的重点从上海移到汉口，又移到重庆，在短时间内，在战时不利的环境中，顺应形势，呼应民声，极盛时期共有56家分支店遍布全国各地，这一阶段是逆势而为的奋发期。从1939年3月开始，随着浙江天目山临时营业处、西安分店被封后，接连又多处分店被封、被查，以及被迫自动结束，至1941年6月，仅剩下重庆一处分店——由此，生活书店开始了它的艰苦奋斗期，一直到1948年，与读书、新知两家书店完成彻底合并组成三联书店，才完成了它的历史使命。

本册中的生活书店会议记录，最早的一份是1940年5月29日的《第六届理事会第一次常会会议记录》，最晚的一份是1945年3月24日的《内地区管理处委员会第六次记录》（其中至少1942、1943年两年会议记录缺），这正是生活书店的艰苦奋斗期，也是中国人民抗日战争中的艰难岁月。然而，即便在这样的岁月中，一批文化人仍然矢志不渝，坚守岗位，克服困难，为民族的文化事业做出了不朽的贡献。邹韬奋在1939年年初曾这样宣誓「我们的工作原则」：「促进大众文化，供应抗战需要，发展服务精神：这是我们在现阶段一切工作上的总的原则。我们大家要在这总的原则之下努力迈进！」[二]他们正是排除万难，努力实现这些原则，使生活书店终成「逆流中的一个文化堡垒」[三]，而这册会议记录，就是他们一腔热忱献身文化理想，不屈不挠为民主自由抗争的现场「直播」。

收入本册的会议记录，有这样几类：第六届理事会会议记录、人事委员会会议记录，第六届理事会、人事委员会、监察委员会联席会会议记录和常务委员会会议记录，渝桂区联席会议记录等，还有内地区管理处会议记录。不同机构承担不同的管理功能，抗战全面爆发以来，书店处在不稳定之中，很多机构也是战时根据形势临时增设和调整的。

邹韬奋在谈到生活书店管理时，曾解释过书店几个基本机构的设立和管理原则：

> 生活书店是一个商号注册的商业机关，它在业务上的组织有总经理、经理、各部科主任等等，都是依着他们所担任的职务而由总经理任用的，这方面和其他的事业机关并没有什么两样。但是除此之外，为着运用民主集中的原则于事业管理之中，为着实行集体的管理，它让全体同人（须在正式任职半年以后）公举理事参加理事会，共同商量关于营业的事情；让全体同人公举人事委员参加人事委员会，共同商量关于人事方面的待遇及奖惩的事情；让全体同人公举监察委员参加监察委员会，其主要任务在查阅账目；让全体同事组织自治会，共同处理关于同人的卫生、娱乐及教育等问题。[四]

这里点出了生活书店比较特别的四个委员会：理事会、人事委员会、监察委员会，以及同人自治会。这样设置，是为了运用「集思广益」的原则达到「群策群力」的功效。[五]而现在我们看到的这些会议记录，基本上就是前三个委员会的定期开会议决事项的记录。

生活书店第六届理事会是1940年3月20日举行社员大会选举出来的，同年5月29日，第六届理事会又选出常务理事。当年8月5日，生活书店的理事会、人事委员会、监察委员会三个领导机构决定组成联席会议。「本店领导机构原有理事会、人事委员会及监察委员会分别负责业务、人事、监察三项任务。但在目前这种紧急局面之下由于种种原因分别开会颇不容易，以致会期常有延搁，同时当选理事、人事及监委所推代表，颇多雷同，人数原极有限，尤其重要者，三权分立，民主集中亦未能充分发挥，故对于领导机构殊有权宜改革之必要。大致之办法，今后总的领导由理、人、监组织联席会议主持并对全体社员负责。」【六】联席会议「每三月召开一次，其职权为（一）听取报告；（二）核准过去工作；（三）决定社务业务重要方针，再由联席会议产生常务委员会……其职权为：将理、人、监之职权依照联席会议决定之方针集中执行之」【七】。联席会议常委会由韬奋、徐伯昕、柳湜、张锡荣、胡耐秋、邵公文、廖庶谦等七人组成，并明确：联席会议为书店最高领导机构，集中统一领导全店业务。——这也就有了本书中收入的联席会议常会会议记录。

后面出现的渝桂区会议记录、内地区管理委员会会议记录，也是抗战后期，根据实际情况，书店管理机构适时做出的调整。其中，内地区管委会于1945年1月10日举行第一次会议，推沈钧儒为委员会主席。自1月至3月，管委会开了六次会议。抗战胜利后，上海生活书店复业，全国联络恢复正常，总经理徐伯昕可直接领导管理内地工作，内地区管理委员会在1945年10月完成历史使命，宣告结束。

二、「经济支绌、生产减缩、营业下降、开支上升」

1940年年初，邹韬奋在回顾过去一年生活书店遇到的困难时，主要谈了三点：资金不够，影响到造货、进货、营业；在人事方面，存在种种待决的困难；「因政治方面被误会而受到的损失」【八】。这些问题像割不断的钢索缠绕在这一时期生活书店的脖颈上，几乎令它窒息。

战争打乱了正常的社会秩序，给各行各业的发展带来灾难性的后果。对于书店而言，各种资源配置都出现问题，而资金短缺成为横在书店经营者面前难以翻越的大山。战时物价飞涨，纸张、排印费用等印书成本增加；战时交通运输不便，进货和发货都存在问题；战时人们生活不稳定，图书销售也大受影响……各书店从上海转移出来后，汉口危机，广州沦陷，后来大部分重心都移到重庆、桂林、昆明等地，这些城市的出版条件远远不能与上海相比，受战争影响，各项要素表现出的都是「短缺」。据相关资料记载，以重庆而言，面对突然转移而来的全国各地众多的出版机构，首先是印刷设备跟不上，战前用轮转机印刷的大多改用平版机，为了躲避敌机轰炸，常常在山洞里或防空洞内排字、印刷。第二，印刷书刊用纸严重缺乏，战前用纸大半靠进口，战时来源断绝，而当地的纸厂有限，生产能力较低。很多出版物采用土纸印刷，字迹模糊不清。第三，排印工人等技术人员短缺，工价大涨。第四，运输困难，出版物发行受阻。【九】

这些困难，给出版带来的影响显而易见：资源短缺，奇货可居；成本上涨，资金短缺；流通不畅，营收困难；资金周转不灵，业务发展成为泡影。1938年11月，徐伯昕报告生活书店各店情况时，就谈到战争给书店经营带来的绝对影响：「最近一个月来，我店因抗战局势的急剧变化，影响到整个业务，极为严重。粤汉原是我店华南和华中的两大据点，不单是营业的重心，而且也是造货供应的中心，现在已于廿二、廿五两日相继沦陷，在物质方面的损失，一是失去了我店全体营业三分之一的收入，二是广州的失守出于意料之外的快，使存货生财等，未能大部迁出。这两地的损失又将占我店资金二分之一强，这是我店在抗战以来所受到的最大损失，而也是最可痛心的。」【一〇】他随即谈到各地经营面临的困难，窥一斑而知全豹，从中不难体味战时图书出版业的艰难：

1．上海：因纸价低廉，来源不致断绝，且印刷、装订精良，运输虽然由昆明转运比较的困难，运费也较高，但一切条件都比内地为优。从成本上打算，由上海印造，运往内地销售还是比内地印造来得合算，所以仍以偏重上海为宜，就是无时间性的书籍和大量重版的书籍，都归上海排印。

2．重庆：报纸从二十元左右涨至四五十元，土纸也从十元左右加至十七八元的惊人价格，印刷所虽然搬来很多，但价格都很高，较汉口几增三分之一，成本突然继续增加，而书价无法随之递增，所以仍限有时间性和急要的新书与重版书，在重庆排印。

3．桂林：科学印刷厂是（与）我店在西南造货有密切关系的一家，它直到现在尚未能正式开工。我店在桂林的

> 存纸也有限（纸价最近已涨至二十五元左右），将来的来源，一面靠安南的输入，另方面希望能在广州湾进口。这两处如目前无法打通，桂林的造货条件恐怕比重庆还要狭小，但是目前为了供给西南各地的需要，仍有很快造货供应的必要。
>
> 4．昆明：目前纸价已从十七八元增加至二十元左右，万一将来战局由粤汉线退出移入山地抗战时，桂林或将首当其冲，这时在昆明预为计划，也是有备无患的。【一一】

在那几年的会议记录中，我们看到生活书店不再雄心勃勃开疆扩土，而是守住底线，守住基本盘，是以力保稳定为方针。1940年，徐伯昕向理事会报告「本店为适应当前环境，配合业务现状起见，本年度起对于总的方针，有所改变如下」：

> a．对于业务措置，抱定以「保存事业，减少牺牲」为原则；
>
> b．收缩旧有不必要的分支店，充实各重要据点，并发展新的营业区域。【一二】

谈到各部门工作情况，也是以「收缩」为原则：分支店收缩；「杂志亏本太大，影响于造货资金之流动，故最近已将《妇女生活》《理论与现实》《战时教育》《世界知识》决定划分，由各该刊独立经营，前两者已决定自六月份起开始」。编审字数从八百五十万字减为五百万字；本版书出版，「以后注重于畅销书多再版，滞销书停印」。【一三】之所以这样，乃是基于书店经营的具体情况和面临的巨大压力。徐伯昕在《今后业务的动向》一文中报告：「自从去年四月到现在……本店今天这样的严重局面——经济支绌、生产减缩、营业下降、开支上升等事实在互为因果地增加着店的困难。」「营业亏损，资金不够就造成了生产缩减；生产缩减又造成了营业低落，但百物昂贵，开支却尽在上升。由于营业低落，开支上升，就必然造成为营业亏损……」【一四】

他们的「收缩」政策是否见效呢？显然效果不明显。因为超出预期的变化也太多：「但是终因机构太大，呼应不灵，加上分店往往不能好好地执行，同时交通困难和人事牵制，也使得许多事情常有延搁。一方面则新的变故又来了，如衡阳事件、欧局变动、渝市大炸等，遂使这些措置直到现在没有照原定的计划做好。」「自从前年武汉撤退后重要交通脉相继不保，运输工具不得不仰赖于容量小的汽车和时间长的人力与兽力，因此原可在一个月内流转一二次的资金，就需要三个月或半年甚至一年了。同时分店增多，存货亦必然增多；存货的增多，也就是垫搁的资金在加多。可是本店的流动资金是并不十分强大的，因之去年一年就在不灵活的状态中过日子。今年初，虽暂借到了一笔钱，但杯水车薪，仍然不见得怎样宽裕。到目前为止，要用的约需十一万元，已有着落的只六七万元。这就是说，还短少四万多元。」从经营的数字上看，这是一份忧心忡忡的报告：「照原定计划，今年上半年度的营业额预算是五十五万五千，开支额是十一万八千，即开支占营业额的百分之二十二。可是今年上半年五个月的营业额虽有四十八万七千八百余元，但开支额竟达十三万四千二百余元，即开支额竟达营业额百分之二十八弱的可惊数字。现在确切的决算虽还没有结出，但今年上半年度的收支依然要亏损是没有疑问的了。就分店来说，简直没有一店是盈余的。至于结束各店，光是衡、邕、梧、玉、罗五处就亏了一万余元——去年亏，今年上半年又亏，这是绝对不能让它继续下去的了。」【一五】

经营的情况，在书店的会议记录中有着详尽而更为准确的报告：「上半年五个月之销货总额，虽有四八七八三六·九九元，但开支额加上总处之四九二九二·〇六元竟达一三四二二六·一九元，就是说，开支要占营业额百分之二七·五二的可惊数字。依照上半年的预算，营业额虽亦略有增高，但开支额超出之比数，远较营业额为巨。其次是结束各店的损失，有一部份已经售出，计衡阳亏三千八百元，梧州亏二千七百元，玉林亏二千七百元，南宁亏一千七百元，罗定亏三百元，共达一万一千元以上。营业上这种不良现象是目前本店一个重大危机，这是必须用全力来把它克服过来的。」「半年来的经济情形，仍未脱出艰难的境遇，直到目前为止，最低限度需用应付印刷费一万元，版税稿费九千四百元，还借款二万七千元，文具进货资金一万元，造货资金二万八千元，外版进货资金二万六千元，共需十一万元。除分店按月解款有三万五千元及出售存纸可得三万元外，尚短四万五千元。」【一六】

对于造成这种经营状况的原因，在会议记录中也有客观的分析：

自去年四月以来，文化工作受限制日趋严厉，本店受封店捕人禁书之损失约在十五万元之谱。随着政治环境之变动和抗战局面之紧张，进步读者纷纷往前方工作，留于大后方之读者大都缺乏接近进步读物之兴趣。又查本店出版物行销情形，仅局限于少数大城市，未能深入小城市与乡村，因其内容距离广大读者之需要太远。因此之故，新出版物销路并不畅旺，各店颇多搁置。此其一。本店内地分店，于全盛时期达三十余处，根据各店决算情形，除极少数地处大城市之分店外，大都亏损；即有一部份勉维开支者，亦吸取大量资金，未能作有利之运用；赚钱之分店寥寥。忠诚负责之干部不够分配，货物供应不够充分与适合环境需要，实为亏损之原因，经营分店既有亏损，即影响整个店的经济基础，使总处无足够之资力造货。再版书之补充既未能迅速而充分，新书出版数量亦少，营业状况因之更趋恶□。此其二。对于外版进货，因限于资力与人力，始终未曾建立完善，使内地各店营业吃亏不小。如内地与沪港交通枢纽之昆明，终年未得上海来货，只得就地进货，货物坏而少，利益微薄，仅此一店每月至少少赚一千二百元。又查港店亏本主要原因之一为「货不来港」，可见外版进货问题未得妥善解决，亏损颇大，此其三。【一七】

针对这种情况，总经理部明确提出调整业务大纲。比如，在出版方面的调整有：方针调整要根据沿海、内地及敌后读者文化水准和实际需要来加强启蒙读物、实用读物的编辑，具有永久性与普遍性之著作，已收稿中成本巨大且销路无把握的应停止印造，再版书中要迅速印造畅销书。在区域管理上的调整是划区管理，各单位须独立支持。【一八】

极端的条件下，破坏的威力要远超建设的速度，书店经营者殚精竭虑、苦心经营，常常也只能是艰难支撑而已。

三、「必须能布置得力的干部」

办书店及其他一切事业，都需要人才，邹韬奋特别看重「中坚干部」，他认为：「所谓领导，绝对不是一个光棍所能办到的，必须有干部——真能切切实实干的干部——把所定的方针和方案真能切切实实执行起来。」「事业的内容愈广愈复杂，领导工作愈不易做，因为负较重要责任者愈须有知人之明，有用人之能，也就是必须能布置得力的干部。」【一九】然而，在抗战中，兵荒马乱，岂能像平日那样严格招录工作人员，又岂能有余裕充分选拔干部？书店，是以理想支撑的薄利企业，能够让员工养家糊口已经不错了，更多才俊们恐怕不会选择这个职业。这样的时代中，书店可用之才捉襟见肘，不难想象。

昆明分店的报告中，就曾说过「找人难」：「昆明近来各种职业部门、官厅、机关都在急激发展、增多，需要大批工作人员，因而不论程度高低，都能轻易找到工作，且能得到相当丰厚的待遇（外省人更甚）。因而影响到许多在业人员。他们暗示出跃跃欲动的姿态，连我滇店女厨司也将去某大银行洗衣服。能够找到的非但程度低，而提出的希望待遇，都超越我店的规定之上。」与此同时，生活成本却在增加，「生活程度的暴涨最明显受到影响的是伙食。米涨到二十九元，鲜肉六角五分一斤，细盐每斤四角五分……加上厨司动辄要不做，真令人担愁着吃饭问题！」[二〇]这又提高了用人的成本，给用人增加了困难。

人事问题，在会议记录中千头万绪，从任命、调职、升迁、奖励、福利乃至对于一些违规人员的处罚，阅读这一部分会议记录，我能够感到很分明的两个方面：一方面，店方用尽心思，对员工进行教育、培训、规范，竭尽所能提高工作待遇，期望大家能够团结一致、齐心协力共渡难关；另外一方面，人事上的变动和问题，频频出现，很多管理在特殊的环境下显然力不从心，殷切的期盼与无奈的叹息齐头并进。

对书店整体的人事状况，在会议中，管理者们有过检讨和分析，他们认为：

> 本店在抗战开始以后，业务扩充，工作人员数量增多，散居各地，故管理上不无欠周之处。目前所显现之缺点，其最著者有四。第一，工作人员量多而质差，不是技能薄弱，便是没有责任心，或两病都有，以致享受一人待遇而未能完成半人之工作者，数见不鲜，使本店开支无形增大，已达到占营业额百分之廿八之空前高度。第二，大部份工作人员因家累过重或对于待遇期望过奢，本店无力予以满足，心中常怀不满与不平，明知文化事业之难于获取厚利，但不能抱牺牲精神过清苦生活。第三，在七小时工作时间内，大部份人未能紧张工作，或抱敷衍塞责态度，甚至争调轻便之工作，以求清闲，此种恶习之存在，使工作效果大大减低，纪律废弛。第四，本店领导机构过去对于干部之识拔与调遣，未十分重视认识水准与忠诚程度，故有少数干部在困苦时期动摇，不能坚持工作，甚至发生损害本店利益之事实。[二一]

上面所提到的显著问题，不乏相关例子：「曲江分店素由严长庆同事主持，最近以来据各方报告，情况至为混乱。业经派西南区主任诸祖荣同事前往整理，结果如此：『长庆同事态度甚好，已于九月五日赴浙，其辞职之最大原因约有三点：一、生活程度高，入不敷出；二、不愿调渝担任职务；三、各方意见反映，觉以后不能共处；四、建国亟须彼去整理；五、此后拟一试纯粹商人之生活以见与过去为文化意义而工作之区别何在？查长庆同事交际广阔，所以入自不敷出，不得不另谋补救……』」【二二】这里说得很清楚，生活困难是决定性因素，而为文化付出的获得显然不能与做「纯粹商人」相比。还有对工作抱有消极情绪，至少对这份事业已经缺少感情和热情的情况：「张子旼同事于廿九年任职贵阳分店经理兼会计，公开宣称对本店事业抱消极态度。查贵阳分店廿九年一月至五月份账务完全搁置，批发账款积欠至五千八百元而未加催索，进货往来关系未加清理，邮购收款及发货手续不清，二月份收到附有邮汇票之信七封直至五月尚未拆办，凡此皆为怠忽职守之事实，此项事实足以损害本店名誉、营业及财产。据此，张子旼同事应受停职处分。但为顾全其实际困难起见，得准予支薪至七月底止，自行提出辞职。」【二三】

而几位「老同事」辞职的事件，连邹韬奋都被惊动了。会议记录最初是这样记录的：

孙明心、陈锡麟、赵晓恩三同事，于五月十六日以同人间意见参商无法寻求协调之方为理由，联名提出辞职。查三同事对于本店出版营业等方针，素无分歧意见，所谓意见参商，想系指人事上之琐碎问题。此类人事问题上之意见出入，在事业利益第一之前提下，开诚布公进行商议，绝对可以获得适当之解决。今以辞职解决问题，实不合团结合作之精神，徒然分散力量，使本店事业受到影响。本会不能予以赞同。惟三同事在店服务均有五年以上之历史，担任重要职务，对事业贡献甚多，为本店依畀极重之干部，应特别予以爱护，此次提出辞职，坚决予以挽留。【二四】

「坚决予以挽留」的决定，能够看出书店除了不接受三人的辞职理由之外，还有对于「中坚干部」的珍惜，以及「老同事」之间的感情。《店务通讯》在发表三人辞职信的时候，曾有这样的按语：「按上述三同事为本店精练之老干部，近顷遽尔割襟而去，同人等实深惋惜。借悉于去信中已作恳切挽留，尚希三同事能共体时艰，翩然归来，同振大业，则同人幸甚，事业幸甚！」【二五】而三人在辞职信中，一面表达对生活书店的感情和对其文化理念的认同，一面又要分道扬镳，

「另创新局」。他们说：「我侪惟其对于本店事业寄以共同深切之信念，因此辄尝以服务出版业自视为终身爱好之职业，此志不渝，锲而不舍。」「服务于文化事业之素志，则始终如一。」同时提出同人间意见不一致，而「退让贤路」，并说：「我侪此次毅然求去，决无故意使先生等感受困难，实以非如此不足以消除内部之矛盾。」【二六】

对于他们的辞职，书店两位主持人邹韬奋和徐伯昕立即复函挽留，他们在信中说：「本店事业得有今日之规模，可谓全赖同人之努力而来，于此吾人可得一信念：同人能努力合作，则事业必能发展；如遇困难，亦必能克服。反之，如内部问题增多，则事业前途必受阻碍，是故同人之一切努力，均应以发扬团结合作精神，消除一切隔阂为依归。如认为意见差（参）商，不能求得解决而别辟蹊径，分散力量，使原有事业受到影响，则弟等殊难赞同也。且兄等所谓同人间之意见参商，决无原则上之分歧——如出版营业方针等，要亦不外人事上之琐碎问题。而此类意见之出入，其解决之途，端在同人能开诚布公与互让互谅。只须群以事业为前提，即绝无不能解决之矛盾。兄等均曾身历本店创业之艰，一切苦难亦均目睹身受，若以人事上之琐碎问题较之其他艰危局面，实甚微小也。况际滋环境更劣之时，在公在私，兄等自应继续共同努力，俾使本店事业早日稳定。至若一切意见，均可请兄等具体指陈，共谋解决。兄等爱护事业甚深，且相处有年，私谊亦甚厚，设毅然绝裾而去，弟等深引为憾。现经人委会决议，一致通过恳切挽留，务望立即打消辞意，不胜企盼之至。」【二七】

为此，韬奋还专门写了两篇文章，阐明书店主持人的态度，也继续解开同事们的心结。【二八】他感叹：「得力的干部是不易培养起来的，所以我们要尽可能使他们能安心工作，共同为进步的文化事业而奋斗，现在竟有好几位老同事辞职，或正在提出辞职，这当然是莫大遗憾的事情，我们应该努力设法补救。」【二九】会议记录显示，书店最终还是没有留住这三位：「孙明心同事于廿九年五月十六日提出辞职，本店曾予挽留，查孙同事已任职香港星群书店，殊少回店，希望应准予辞职。孟尚锦同事于廿九年六月廿八日在任职昆明分店经理期内，擅离职守，查孟同事曾受最后警告，此次应予停职处分。陈锡麟、赵晓恩两同事，在廿九年六月十六日提出辞职，本店曾予挽留，兹据事实所见，两同事在香港任职期内，实工作不力，且不忠于店，应予停职处分。甘蘧园同事假期已于廿九年十一月卅日期满，未来续假，据各方报告以及事实所见，甘同事实不愿继续工作，应作自由离职论，停止职务。」【三〇】「孙明心、陈锡麟、孟汉臣、赵晓恩、张志民各同事出社手续，已按照联席会议第二次例会之决定办理。」【三一】

生活书店内部，大家互称「同事」，这本是指志同道合的「同志」，为避政治忌讳才改为前称的。一起携手的同志中途离开，我不能想象，这在邹韬奋内心会留下怎样的伤痕。

四、予以「种种困难与打击，使其不能顺利出版」

更大的魔影纠缠着生活书店，足以把他们压榨得不能喘息。在会议记录和很多公开文件上，他们很中性地称这是「政治误会」，实际上是由「书报检查」而开始的禁书、查抄、捕人、封店……是政治威胁和压迫。在那个时代中，一心做文化、坚守良知的人都躲不过那种压制，生活书店因为鲜明的立场和不屈的行动，成为其中受其影响较大的一家。这些大约是今天很多追逐遥远的迷梦的人所想象不到的吧，在当年甚至连阅读和购买生活书店的书刊，都是罪过。【三二】

邹韬奋有多篇文章谈到生活书店的遭遇，这些文章与书店的会议记录、《店务通讯》的记载合在一起，便是一份见证当时统治者残暴摧残文化、破坏自由民主的重要文献。还原整个过程，可以分为两个阶段：在第一阶段，生活书店为了坚持下来和保存实力，尤其是避免商业上的损失，采取的是隐忍的办法，尽量通过正常渠道沟通、申述，并一再说这是官方对书店的「误会」。与此同时，邹韬奋联合其他民主人士和文化界人士，一再通过公开渠道，对战时的图书审查制度提出抗议，企图解除制度上的困扰和束缚。【三三】第二阶段从1941年年初皖南事变之后开始，对生活书店的压迫变本加厉。当年1月17日，国民政府教育部称：「生活书店出版的中学生补充读物，完全根据马列主义的社会科学观点立论，企图借此麻痹青年思想，扩大反动宣传，除已令各省教育厅，禁止各学校采用外，要求中央图书杂志审查委员会下令查禁。」中央图书杂志审查委员会则复函称：「将尽量予该书店此项编辑计划以种种困难与打击，使其不能顺利出版。」［见国民党中央图书杂志审查委员会档案（60）（1）278号。］2月7日，国民党中央秘书处和三青团中央团部联合给各省国民党党部发出丑阳加急密电，电文为：「澄密，并转三民主义青年团支团部。中共利用生活书店等散布违禁书刊，经会商决定，仰即对该生活书店及类似之变相书店，与军政当局及审查机关商洽依法予以查封，具报为要。」[见国民党中央图书杂志审查委员会档案（60）（1）527号。][三四]半个月内，生活书店在第一个阶段被迫害后余存的六个分店有五家被查封。邹韬奋和同人以及其他民主人士为此积极斡旋和申辩，甚至上书蒋介石。在毫无结果的情况下，邹韬奋于2月24日愤然辞去第二届国民参政会参政员，并离开重庆，出走香港。从此之后，邹韬奋不留情面地批评国民政府两面三刀、表里不一的行为，将他们对于生活书店的压迫情况公之于众。

民国时代的图书审查制度，可以追溯到1914年颁布的《报纸条例》和《出版法》。1929年1月10日，国民党中央宣传部公布《宣传品审查条例》，全面控制了书刊报纸戏曲电影传单的审查大权。此后，不同时期都有不同法规审查出版物，也成立了不同的主管机构。抗战期间，对各书店和报刊机构产生影响的是1938年7月通过的《战时图书杂志原稿审查办法》和《修正抗战期间图书杂志审查标准》；同年10月1日，在重庆重新组织成立了「中央图书杂志审查委员会」。该委员会由国民党中央宣传部、社会部、行政院教育部、内政部，以及军事委员会政治部联合组成，作为「全国最高之图书杂志审查机关」，「采取原稿审查办法，处理一切关于图书杂志之审查事宜」。[三五]

依照这些规定，对生活书店的迫害先是查书，再是封店。1938年，查书就开始了。「武汉检查出版品委员会于八月九日通知我店，对我店出版之『近六十年来的中日关系』及『抗战一周年』两书，认为内容叙述失实，须分别删改发行……此为我店出版品遭受武汉检查之第一声。」[三六]他们还曾遭遇过「钓鱼执法」：「又我店最新出版之『三民主义读本』于五日下午七时许，被汉口市警察局侦缉队（特务机关）冒充抗大批购作为教本，要求给予特别折扣，我店只允九折优待，结果购去一百二十六册，在开好发票后，始说明此书系奉令查禁，经再三交涉，该特务员亦往返请示，最后取来密令，始允暂予扣去。」[三七]《店务通讯》上为了提醒同事，还列出了各地查禁书的书目：

△桂平查禁书有「中国不亡论」「救亡手册」。

△兰州查禁书有「世界经济地理讲话」「逻辑与逻辑学」及「思想方法论」。

△内地查禁「抗日战士读本」。

△浙江区查禁「救亡手册」。

查以上被禁各书均经内政部注册，并已颁发注册执照在案，而各地仍有查禁之举，殊不合法，应请向查禁机关提出交涉。【三八】

封店是1938年春天，从浙江天目山临时营业处和陕西西安分店开始的，其中西安分店，「被取去已经内政部审查注册准予发售的书刊一千八百六十册，并将经理周名寰拘捕，一面派警看守。强迫停止营业。至同月廿七日，又来店将全体同事驱逐，不准携带行李。所有账册及现款四百元亦不准携出。至同年五月底，陕西省会警察局将西安分店的全部货物生财约计四千元，连同现款四百元，及所有账册，全部没收……经理周名寰内患肺病，外患瘰疬，屡经医生证明，依法请求保释不许，扣押迄今已逾二年，最近已被送入集中营，备受惨苦」【三九】。《店务通讯》曾补充细节：「四月二十一日下午四时，搜去『论持久战』『青年的修养与训练』等书三十六种，共计一千八百六十册。其中有本版书十四种，经内政部登记者十种，当时即派警看守，停止营业，并将经理周名寰同志拘押，其余同人亦均由警看守，失去自由。」【四〇】

查封书店主要理由是这些：售卖违禁书刊；受了共产党津贴；管理上采取民主集中制，含有「政治作用」；西安分店店员书信被检查，认为有与延安通消息的嫌疑。【四一】对此，韬奋在《本店被误会的几点说明》中逐一解释，特别是关于禁书问题：「就统计所示，本店出书共约六百五十余种。其中，最大多数是关于一般的知识，有关思想者，仅四十一种，而在此四十一种中，有二十四种已由内政部审查给予注册执照的，未及注册者仅十七种。依我们最近从重庆图书杂志审查委员会设法取到的『不准发售书刊一览』所载，本店出版之书籍被列入禁书者八种，这在六百五十种书籍中所占不及百分之二。而且这八种被列入禁书的书，有五种是已由内政部给与注册执照的，在实际上只有三种。这三种也在上面所说的未及注册的十七种里面。此外关于代售的书，重要的责任本由原出版者担负，即代售者有失检之处，经通知后，也是可以不再售卖的。关于上述本版的三种，一经通知，无论应修正或应改版，我们也可接受纠正。就上面的情形说来，绝不应受到封店捕人的严重惩罚，而且关于禁书，由于事前并无通告，在手续上本店亦不无可原，以后如能在事前通告，更可不致疏忽。」他在最后还特别表示：「关于被误会的部分，我们要多方诚恳解释，关于失检点的部分，我们要诚恳接受纠正。」[四二]很显然，这一阶段生活书店采取的是息事宁人、主动配合、及时沟通的方针。

事实上也是如此，为了能够获得正常经营的环境，书店小心翼翼，并严加通告，在现在留存下来的文献中就有这样的通告：「近接数地分店报告，有因售卖书报之内容失检，引起当局误会等事，殊属不妥。嗣后对于查禁之书籍，务须严格遵守法令，随时检点，停止售卖，以免口实。查禁书籍中，如有已经内政部登记者，则可与当局试行解释，请求继续售卖，如解释未有结果，则通知总处，以便呈请内政部纠正。因该项书籍既经政府机关审查，应受法律之完全保障也。」「查各分店贩卖书报，对于书报内容，务须审慎检点，前已通告周知。兹检奉『不准发售书刊一览』全份，请再细加检点，如有发现，绝对停止售卖，以守法令……对于外界寄来之邮件，亦须严格检点，如无关本店营业或足以引起事端者，须拒绝收受或销毁之，以免麻烦。尚希切实办理……」[四三]

在对内部人员的发言中，邹韬奋说：「自西安分店事变发生后，我们始终抱定『服从法令，接受纠正』的原则，坦白诚恳地向各方面解释，坦白诚恳地向中央党政当局表示。现在我们还是坚守着这个原则，继续努力。我们最受责难的是售卖禁书，但是这个罪状一经分析之后，便可见我们即不无错误，也是可以纠正而不应受到封店捕人的严重惩罚。党政对于禁书向来不在事前通告，我们根本上不知何书是在禁售之列，必须等到有宪兵或特务在门市搜去几本书才知道这些书是禁书。可是其中往往有已在内政（部）注册，已得到法律保障的书籍，以后党政方面只须事前正式通告，我们必须服从法令的。此外除有些误会已由本店以事实证明外，如有什么错误，只须具体指出，我们也必然要诚恳接受纠正，加以改善的。」并告诫各分店：「须切实执行总处的指示。例如关于禁书，总处最近已设法领得一份禁书名单，复印分寄各分店备考，并严嘱各分店绝对不再售卖已知的禁书，这点是必须严格执行，以免藉口的。」[四四]店方不断叮嘱店员小心谨慎，不要给对方以藉口，不要因小失大。还有人专门写文章，告诉员工如何应付这样的检查，并声明：「在商言商，我们的最大愿望是安安稳稳地做生意，维持自身的生存，供给良好的文化食粮，使得读者得到实惠，稍稍有些贡献于国家民族。因为这样，所以我们要竭力避免一切足以引起危害自身生存的事故，和政治上的无谓麻烦。」[四五]

然而，他们并没有得到所期望的理解和宽容，绳索越拉越紧，对方要置他们于死地。邹韬奋后来提出的几点抗议，一看就是政府在故意给他们制造麻烦。比如，已经审查通过的书籍被查禁；邮局随意扣留用任何方法运输的生活书店出版的已被审查通过的书刊；密令各地学校和其他机关，禁止阅看「生活」出版的已被审查通过的书刊。【四六】这等于要封死生活书店的生存通道。

生活书店从来都没有放弃沟通和申诉的工作。韬奋到国民党中央宣传部向部长王世杰、副部长潘公展、秘书主任许孝炎进行交涉；徐伯昕以生活书店总经理名义向国民政府行政院、监察院、中央党部、中央宣传部写呈文请求纠正；向地方政府发出公函请求启封、放人；沈钧儒以参政员身份向国民参政会提出了保障文化事业的提案，还两次写亲笔信给蒋介石请求纠正。【四七】他们得到的答复，基本上是中央推诿到地方，而地方各自为政，又不见遵照中央法令执行。

本书附录中保存的一组文件，就是这件事情的交涉具体文献。四川省图书杂志审查委员会在1941年3月5日批复：「查该书店发售违禁及故不送审书刊，业经本会检查有案，殊属藐视法令而来呈又复擅称自开始营业以来所有发售书刊均经中央图书杂志审查委员会审查通过等情，殊与事实不符，所请继续营业碍难照准——。」【四八】并认为：「本会迭次检查警告仍不悛改，甚至朝令禁止散布，夕又公然发行，此种行为不特故意藐视法令，而实属违背全国人民所共守之抗战建国纲领。若不再予严厉之处分，将何以齐一国民之思想，保障抗战之胜利。本会职司检查，为维护法令，计势难再予宽容。……至邹君所称该书店书刊均经中央图审会审查通过，实为不确，往者勿论，即以此次检查而言，亦查得有四十余种未经中审会审查通过而公然散布者……」【四九】

这些文词冠冕堂皇，不过是台面上的话，真正的目的是消灭生活书店，不然则「党部尚未能放心」。潘公展曾当面有过这样的提议：「据叶部长之意，本店须与正中书局及独立出版社联合起来，在三机关之上，组织一总管理处或成立一董事会，主持编辑计划营业计划等等，由此实行党的领导，三机关则可仍留原名，如能接受此原则，便可再进而商定具体办法。」【五〇】生活书店方认为这就是赤裸裸的「合并」，表示不能接受。他们还听到过更坦白的说法：「老实对你说，他们认为你们的文化事业的广大发展，是他们的文化事业的障碍！」韬奋的同学、CC派特务的主持人徐恩曾直率地告诉他：「以这样一个伟大力量的文化机关放在一个非本党党员的手里，党总是不能放心的！」【五一】

更卑鄙的手段是对人。生活书店被捕的店员，有人在狱中殉难，也有令人唏嘘不已的。1939年6月17日，湖北省党部会同警备司令部、警察局及图书杂志审查委员会等，搜查宜昌分店，搜去书刊不说，还拘押职员杨罕人。「杨罕人被拘押七日，受询八次，不准接见亲友。党部认为杨罕人系纯洁青年，初劝其脱离生活书店，并愿介绍月入较丰三倍之职业，后用判罪等言词，胁迫杨罕人在六月廿三日『武汉日报』上登载声明，谓：『生活书店破坏抗战战线，而罕人不幸为所误，悔甚，从此脱离』云云。」【五二】杨罕人被迫发表的声明是这样：「罕人籍贯江苏，去年经友人介绍到生活书店作事，因罕人知识简单，不知该店所卖书籍内有违禁书籍。本年六月十六日经党政当局检查生活书店驻宜办事处，当查出违禁书籍甚多。当此国难关头，全国人民只有信仰三民主义，以救中国危亡，今该生活书店竟敢公开贩卖违禁书籍，破坏抗战战线。而罕人乃系纯洁青年，不幸又为所误，悔甚！自后除谨慎个人行动外，誓与该生活书店断绝一切关系，另谋他事，以谋有报党国于万一。特此登报声明。」【五三】对此，生活书店严正驳斥：

须知当局检查书报，我们向来是奉公守法的，我们既不抗拒又未犯罪，怎样会「误」了「纯洁青年」的杨君呢？而本店出版的书刊，全国读者都知道是拥护抗战，拥护政府的，杨君说「破坏抗战战线」，真是在任意侮蔑。……本店的整个历史证明，我们是巩固团结与坚持抗战的坚决促成者和拥护者，政府当局对于本店总经理邹韬奋先生的苦心经营，也表示值得赞扬——好了，对于这个启事，我相信全店同事一定都会一致地加以斥责，而且全国同胞也一定都会洞烛它的荒谬无稽的！【五四】

杨罕人后来也为生活书店开除。为了达到政治目的，官方不惜拿一个青年的前途为「武器」，企图借刀杀人。而赶尽杀绝，一个也不放过，大约就是生活书店享受的「待遇」。

五、「愈艰苦愈兴奋愈努力」

在烽火连天的岁月里，在艰难的时势中，维持着书店运转的那些人，他们是怎样工作的呢？

各地条件不同，相同的是每处分店的开辟都是他们艰苦奋斗的结果。他们不是富商巨贾，文化是清贫的事业，最大的资本只能是心力和信念。一则简讯中就能看出他们的真实处境：「桂林分店已由孙明心先生在『桂林觅屋颇感困难中』租定，地址在中南路十六号，店面一宽间，月租国币六十五元，押租三个月，计一百九十五元。地段在无办法中，比较适宜。惟桂林房屋多系老旧，该所房屋，从前开设大观印刷所，作为工场用，故内部殊为凌乱龌龊，建筑亦甚蹩脚，地面又是泥土，门市处尚须自行铺砖或铺三和土，楼板扶梯，亦都起码货，又须加一番改造工作矣。」【五五】高尚的文化与「凌乱龌龊」的经营场所恰成对照。而赴任遇匪，在兵荒马乱的年代大约也并非意外：「廿七日接贵阳来电谓『旼到遇匪』，同人赴外准遇到『匪先生』者，尚以张先生为第一人，不知张先生曾否受惊，我们对他很关念，此时尚未接到他详函。」【五六】

在轰炸中过日子也是战时的家常便饭，正常工作受到威胁，生命也不能得到保障：「梧州于去年十二月十九日敌机首次空袭以来，至九月二日止，凡六次……九一七且狂炸市区及大学区、工业区，死伤平民三百余人，毁屋六百余间，无家可归的难民三千余人。……因此连日市面极度凄凉，真比年初一还要冷落，缘各商店、住户在黎明时候就锁门上山避难。我店今仍全日营业，读者虽不多，但全天营业收入尚有国币四十元。同人等均抱定警报解除后即回来复业，闻警报时，方锁门上山避难。」「昆明二十八日晨第二次遭空袭，敌机共来九架，打下三架。在西门外、航校等处投弹五六十枚，很有死伤。昆华师范全校被毁；据说有未装竣的新机三架被炸。此间紧张万分，人心惶惶，居户逃避一大半，上午绝少人家开门营业，都去郊外暂躲。我店一似平常，读者以『大拇指』赞许。」【五七】

会议记录中，总经理徐伯昕报告情况时也谈到轰炸对工作的影响：「首先要报告的就是渝市屡遭敌机狂炸，致总处房屋被炸震毁，一切工作不得不分散办理，现除学田湾原屋尚留少数同人办理必需在城内处理之工作外，大部份同人均已迁至唐家沱办公，存货则迁往江北。至于此次损失，估计约有三千元。一方面即进行在江北自建房屋。原来房屋之房租自六月份起即停付，这是总处的情形。渝店则侥幸未被炸过，现在内部工作如会计邮购发行等均迁南岸办理，门市部存货减至六千元，并在北碚，设立支店，补偿营业上的损失。」【五八】偏偏就是在这样的环境中，他们还能斗志昂扬地高呼

「愈艰苦愈兴奋愈努力」：

愈艰苦愈兴奋愈努力，这是「生活精神」的一个成分。凡是有益于国家民族的事情，我们总是要兴会淋漓地参加，乐而忘倦地参加，这是「生活精神」的另一个成分。让我们在这次继续征求十万封慰劳信的努力中，又一次发挥我们的「生活精神」！[五九]

这就不能不令我刮目相看，也不能不认真打量究竟什么是「生活精神」。对此，邹韬奋有过总结：「一曰坚定，二曰虚心，三曰公正，四曰负责，五曰刻苦，六曰耐劳，七曰服务精神，八曰同志爱——指工作同志……」他把这些视为生活书店「最可宝贵的八种传统精神」。[六〇]它们是生活书店的魂魄，更是一种品格。倘若从总结历史经验的角度而言，生活书店值得重视的经验或精神传统，我认为至少有以下几点：

第一，韬奋一再强调的「服务精神」是它的核心。

韬奋认为：「为读者服务，是生活书店最宝贵的几种传统精神之一，是生活书店所以在十六七年中能由很小规模的周刊社（最初由我在内，正式职员只有二个半人！）突飞猛进，蓬蓬勃勃，发展到分店布满全国各重要地点达五十余处，全体同事达四五百人之多，最主要的基本原因之一，简单称为『服务精神！』我们把它视为生活书店最可宝贵的八种传统精神之一。」[六一]他强调：服务是「生活精神」「最重的因素」，是生活书店的「奠基石」。[六二]生活书店的「服务」，既是一种精神品格，也是对读者实实在在的行动。即便在战时，在人力、物力都严重不足的时候，他们调整机构，仍然不忘「服务」，由此能够看出，他们强调「服务」绝非权宜之计，而是真正的立店之本。

韬奋真诚地说：「严格说起来，我们的整个文化事业都含有服务的意义，但是为着维持开支起见，同时却不能完全抛开营业，所以我们特设立服务部，表示这一部门是完全尽义务，在现阶段我们特别注意两件事，第一件是战地的文化服务（包括沦陷区域），还有一件是代办的事情。为代办书报、代办印刷、代办发行等等。我们要在这一部门中慢慢扩充事业，例如流通图书室及文化问讯处等等。我们要在这一部门中对于广大的民众和士兵竭尽更大的力量与更大的贡献。这一部门的工作，我们的计划要远大，但是我们做法要从比较小规模做起，切切实实地做起。」[六三]他对服务曾有这样的要求：「最须注意的是诚恳、热诚、周到、敏捷、有礼貌等等，而要做到这些，最主要的是要存心耐烦，而存心耐烦，又是从对于服务的意义有正确而深刻的认识产生出来。」这不是空喊口号，连给读者及时回信这样的小事，他都认真叮嘱：「例如我们的发行科或邮购科对于读者来信的询问，必须迅速代为查明，一面诚恳答复，一面在事实上切实办理或纠正。倘若一信要延搁几十天，几个月，甚至如石沉大海，这便发生不良的印象。」【六四】

文化机关或企业，常因肩负神圣使命，容易把自己变成启蒙民众的高高在上者，而忘记「启蒙」之化人，除了知识的传授之外，还有情感教育。对于后者，行动本身才是最大的教育，俯下身段来的「服务」，才是真正感染民众的切实实践，这比凌空虚蹈有效得多。从这一点而言，生活书店是抓住了文化传播中的核心，难怪它会产生那么大的影响。

第二，生活书店的现代企业管理的理念和实践值得重视。

从这四册会议记录就可以看出，生活书店的经营是有方向、有目标、有计划、有管理的，它不是盲目地在运转。从组织架构的顶层设计，到具体方针的切实执行，乃至对于人员的细致管理，都有一套严格的运转机制，我们不妨把这些称为现代企业管理的理念或制度。

具体而言，各委员会的例会制度，保证业务上方向明确、步调一致。生活书店每一步重要举措都有原则上的「章程」，又有具体实施的方案，正如韬奋所强调的工作的「计划化」。他说：「我认为不但编审委员会的工作应该这样计划化，其他一切工作都应该力求计划化。例如会计科，究竟多少时候必须把账结清，报告总管理处，必须有一个具体的规定，各处都须依此办理，按期报告得有条不紊的，就合于规定的计划，逾期不报告的便是违背了所规定的计划。为什么违背了所规定的计划，其中必有理由，我们必须加以研究，加以补救，不能让他糊里糊涂地一味拖延，养成马马虎虎、随随便便的恶风气。如果没有充分的理由而延误公务，便须有惩罚的办法，关于公务，是绝对不应该马虎，绝对不应该讲情面的。」「有计划的工作不但于工作本身可以大增效率，即在人事方面也有许多好处，检讨工作之中即寓有赏罚的根据……所以我认为本社事业要上轨道，一切工作要力求计划化。」【六五】

同时，这些讨论、酝酿和决策的过程，也是一个企业公开、透明、民主的表现，只有这样才能最大限度地激发员工的工作热情、参与热情；而「合作社」制的设计，又使员工感受到与书店整体利益息息相关。作为主持者，韬奋等人又不断地扩大民主，希望员工参与到店务中来。韬奋曾有这样的一个「建议」：「因此我要向同人提出一个具体的建议，请每个同事把他胸中所要说的话，无论是对于本店任何部分工作或任何个人的批评或建议，都丝毫不隐瞒，丝毫不必忌讳地写信告诉我，信封上写明『亲启』，我必亲自拆阅，有保守秘密必要的，我必负全责保守秘密。我的目的是要根据实际的检讨，为本店整个文化事业开辟光明之路，绝对不愿引起人事间的摩擦。倘有建议或改革，不便由任何个别同事提出的，只须是确实重要，确实有价值，我可以负责用我的名义（即不涉及建议者的名义，以免建议者的为难），负责提出，负责督促其实现。」【六六】

再者，具体工作中抓细节，体现生活书店的管理无处不在、精益求精。比如抗战时期的节约运动，开源节流，从点滴抓起。以总经理邹韬奋的名义发出的「总管理处通告第二十二号」，谈的是信笺、信封的使用问题：「查本店所备之信笺信封，原来规定只限公事之用；同人书写私人私事信件，不能领用是项笺封。……本店规模日大，同事日多，对公物多多注意节省，积少成多，即对本店公产有甚大之裨益，此点尚希诸同仁谅解为幸。」【六七】在他的文章中，又叮嘱同事从随手关灯这样的小事上养成爱惜公物的良好习惯：

还有两点值得我们注意：（一）勿因细小而忽略。例如晚间的电灯，无论是办公室里的或是寄宿舍里的，走开的时候，如没有余下的人在那里，必须随手把灯关闭，否则电表上无声中急转过去的，每一刹那都在对准着我们店的经济力作「消耗战」！这类事的千不该万不该，说来谁不知道，但是你如果留心视察，这类事还是有的！这种损公而并无益于己恶习惯要铲除——就是损公而利己的事情，当然也应该力诫——最重要的是要使自己养成爱惜公物的良好习惯。（二）同事中对于节约要互相勉励。再具体地说，同事中如发现任何同事有浪费公物的事情，应该诚恳婉和地对他指出，以善意的态度对他劝说。【六八】

中国近现代的出版社，大型的如商务印书馆，经王云五的现代企业制度改革之后，逐渐走上正轨，进而发展壮大，也适应现代的经济发展的形势。而对于众多中小出版社而言，多是私人创办，带有很强的同人性质，虽然有的也是采取

「股份制」，其实并不具备现代企业的特点，有的也谈不上「管理」。尤其是文人创办的出版社，理想性质很足，其好处很鲜明，众人为一个文化理想而挥洒热情；其短处也很明显，一拍即合，一言不合也就散伙，所以，它们往往难成规模，也难以长久。像生活书店这样有着规范的管理体系和制度的文化企业并不多。而以往，我们在总结生活书店的经验时，往往强调它的「革命」「战斗」的一面，很少重视它的现代企业管理的经验。我认为恰恰是这一点更值得重视，也值得当代很多文化企业学习和参考。

第三，生活书店有着独特的文化氛围，这也是各种管理和精神能够行之有效、开花结果的重要基础。

精神是一个企业的灵魂，企业文化可以看作是它生长的土壤，二者相互融合，才能形成一个企业不同的气质。生活书店对内对外，都有着它的向心力和凝聚力，仅从对内而言，这与它的企业文化息息相关。比如它对员工薪金、福利制度的设立，这一点在经营困难的抗战时期表现得尤为明显。尽管经营上一直面临困难，生活书店还是体恤员工，尽最大可能增加员工的收入和维持员工的福利水平。在那几年，书店苦心经营，对员工的待遇也是用心良苦。1940年时，他们不得不做出减薪增时的决定：

> （2）变更薪给。本年七月，本应按照规定办法加薪，上半年营业虽已超过预算，但目前欧局激变，沿海损失颇大，重庆又遭狂炸，且开支超过颇巨，故暂不普遍加薪。惟须特别注重提高工作成绩特别优良而富有责任心与职责加重者之薪额。此外，凡薪水在五十元以上者，举行普遍减薪，凡超过五十元之数，一律打八折减发。此种局部减少薪额为过渡艰危局面之暂行办法：一以根据共艰苦之原则，鼓励全体同人工作情绪；二以救济店的经济困难。此项办法自八月份起实行，至廿九年十二月份为止，届时视本店经济情形，再议改变办法。……
>
> （3）增加工作时间。在抗战艰苦时期，经营文化事业利益微薄，为支持本店事业起见，工作时间决定改为八小时。在工作时间内，须绝对紧张工作，进膳时间须在工作时间之外。……【六九】

这样的决定的做出，跟它的经营状况危机有密切关系：「廿八年下期决算已制成，计亏损一八一一五·五五元。造成此项亏损，主要由于支持八种杂志之出版，其次由于政治上没收书籍及限制出版限制销路之结果。实际亏损额达四万九千二百六十三元二角，幸由经营纸张中赚得三万一千一百三十七元六角五分，稍资弥补。」【七〇】可谓自顾不暇，怎么加薪？不到半年，1940年年底，书店又做出普遍加薪的决定：

（一）本店同人薪水，规定每半年考虑增加一次，本年七月份因经济情形困难，仅就工作成绩特别优良而又加重职责者局部加薪。但战时物价暴涨，同人生活更形艰苦，日益难于支持，此足以影响工作情绪，有害本店事业之前途。除仍按照物价之涨落发给相当之生活津贴外，卅年一月份，决定尽最大可能举行普遍加薪。举行一月份普遍加薪原则如下：（一）薪水在八十元以下者，一律考虑增加；（二）薪水在八十元以上者暂不增加，但取消折薪办法；（三）职员之起薪额提高至廿四元；（四）预定加薪总额为每月一千元。按照本店营业及经济现状，实无力担负加薪之开支，应另拨资金经营副业以谋补救。

……

（三）战时物价暴涨，同人生活艰苦，尤以有家属之同人为甚。为相当减少同人困难起见，将家属膳食津贴办法修订如下：……【七一】

对于员工的福利待遇，也做了这样的修订：

一、根据廿八年本店决算及廿九年营业开支情形，本店经济状况甚为困难，为节省开支以支持本店事业起见，对于原定各种津贴办法，酌量其轻重缓急，加以整理如下：（一）战时生活津贴办法、预支薪水及借款办法、职员调动移眷旅费津贴办法及抚恤办法，应仍予保留。（二）有眷属员工住外津贴规则、工作人员接眷旅费津贴办法、求学津贴办法及回家旅费津贴办法，应予暂停施行，待经济状况好转时再议恢复。（三）家属膳食津贴办法应改为家属米贴办法，领受者以无业之夫、妻或子女为限，每人限领一份，以当地两斗劣等米价价格超过十元之数，作为津贴之数，细则另订之。（四）穿着制服暂行办法仍予保留，但未经试用期满之员工不得享受，须加以修正。（五）医药津贴仍予保留，但其津贴数量应以物价高低而有不同，应加以修正。【七二】

对于这样的决定，韬奋亲自出来解释：「我们屡次发现，有好些同事宁愿抛弃了在别处收入较丰的位置而加入我们这个艰苦的事业；还有些同事宁愿拒绝了别处在收入上较丰的延揽，不愿抛弃我们这艰苦的事业。这些都是使我们异常感动的事实。但这不是说我们就不必顾到我们同人待遇的改善。我们仍当根据总的经济力量所允许的最大可能的范围，用比较合理的办法努力顾到我们同人待遇的改善。」他算了一笔账，全员加薪和生活津贴合计起来已达到预算中总开支百分之五十，计划中的家属津贴，只能待日后经济较宽裕时再行考虑。为此，他希望「同人加以谅解」【七三】。总务部也有「对于几种津贴办法的简略说明」，其中有新通过的求学补贴办法；修订过的医药津贴及病假办法，除医药费略有增加及普遍享受之外，对于短期病假，亦可照领薪水；抚恤办法是局部因公及因病致死，都有相当的抚恤金可以享领。……【七四】所有这些都是在极端困难的情况下，书店所尽的最大努力了。这种对员工利益的制度性的保障，也体现了患难与共的企业文化氛围。

生活书店不吃「大锅饭」，对于尽职尽责的优秀员工，它有奖励机制：「总处董文椿同事，在廿九年五月至十月敌机狂炸重庆期内，工作特别辛劳，举凡抢救公物，挑运货品，保护财产，修理店屋，无不独具显著之成绩。此种对于职务工作之热忱、忠诚与负责，实为爱护本店事业强有力之表现。特给予奖金一百元，以资鼓励。」【七五】而对于不负责任的员工，则启动调查和处罚机制，哪怕是重要员工。如：「据视导员之报告，筑店张子旼怠忽职务情形严重，业务损失甚大。并提议解决办法如下：（一）张子旼支薪至七月底止，在支薪期内办理移交，另找他业；（二）七月底以后离店出社；（三）作自动辞职论，不予处分，以增进经营筑店之便利。」【七六】优胜劣汰，又有福利制度的保障，这样的一种工作氛围有利于激励人。这只是从薪酬和福利一面所体现出的生活书店的企业文化，还有很多方面，都体现了它的「公正」和「同志爱」的精神。

第四，生活书店一直站在时代的潮头，支持正义的斗争事业。

一个文化机构，一定会有它的立场，它的立场也决定了它的选择，决定了它的发展方向。生活书店创办于民族危亡之时，又在民族争取自由和解放的战争中浴火奋斗，不论在什么时候，从它的主张，到它的出版物，其中所体现的都是与时代相呼应的精神。宣传抗日，支持抗日；争取民主，争取自由。生活书店能够迅速受到读者，尤其是进步的知识青年之欢迎和热爱，是它的立场和行动，道出了一个时代的呼声。而在此，它总是站在时代前进的方向上呼唤正义，站在正义的一边追求真理。包括它与中国共产党之间的关系，这虽然是党史研究的课题，虽然在会议记录中几乎不曾涉及（也许是为了预防国民党政府的检查），但是，无论从书店所表现的政治倾向，还是从实际运作中，中国共产党都对生活书店有着决定性影响。从当时历史的潮流而言，站在中国共产党的一边，就是站在革命的、斗争的力量一边。而从未来而言，它也决定了生活书店最终的命运。

徐伯昕的回忆中曾提到这样几件关键性的事件。1938年12月，读书出版社创办人之一的李公朴先生访问延安时，毛泽东在谈话中谈道：「……将来我们的后方更要缩小，可以利用的后方更小。因此，书业界的工作，便不得不向游击区去谋发展；同时，也是适应那边的需要。」谈话时，生活书店的谷军把这一消息传到了重庆，而他本人也是生活书店的人员之一。大约是1940年的初夏，中共中央南方局书记周恩来同志找三家书店（生活、读书、新知书店——引者）负责人谈话，指示以民间企业的形式去延安和华北敌后开展图书出版发行工作，三店人员迅疾在当年派员去华北晋东南抗日根据地开设了华北书店，又去延安建立华北书店。1940年秋季，新四军苏北抗日民族根据地，三家书店也曾开设大众书店……这些都奠定了解放区的新华书店创办的基础，也酝酿了后来的新华书店模式。【七七】

在关键时刻，中国共产党人的指导决定了生活书店的方向乃至最终的归宿：「太平洋战争爆发后，香港沦陷，我和韬奋同志在东江游击区分手之前，共同研究了生活书店在国统区出版机构的布局和工作进展情况，并于1942年8月我从桂林专程去重庆向周恩来同志汇报和请示工作。周恩来同志着重指示，在投资合营和化名自营的出版机构中，务必要严格区分一、二、三三条战线，以利于战斗，免于遭受更加严重的损失。我们遵照周恩来同志的指示，将已办机构逐一排队：第一线的出版机构是在政治上冲锋陷阵，准备牺牲的；第二线则偏重于出版理论性书籍和现实抵触较少的书籍；第三线以出版工具、技术或者历史、中外文学书籍为主，采取更加稳重隐蔽的作法。在沦陷区和抗战胜利后的收复区，也都按照这三条战线的原则部署，使得革命出版工作能够在敌人统治的地区内长期坚持。分三条战线作战，是三家书店共同遵守的原则。」【七八】这三家书店在抗战胜利后，又在中共的领导下组成了三联书店，重获新生。

第五，艰苦奋斗、为理想献身的精神。

这体现在生活书店的员工身上。前面我们谈到诸多困难和不利，在那样的条件下，还有人能够坚守这个清贫的事业，令人敬佩。更为重要的是，他们不是伟人、圣人，只是芸芸众生中的普通一员，他们也要穿衣吃饭、养家糊口，却也能在自己最为平凡的岗位上，为了一个理想和文化信念而艰苦奋斗，尤为令人感动。或许，他们根本没有漂亮的言辞，似乎看不到他们的精神和信念在哪里，因为他们做的似乎都是尽本分的最普通甚至最庸碌的工作。然而，在那样艰苦的条件下，那么微薄的收入，他们居然仍在做着这样一份工作，倘若没有一点理想和信念，你能够想象吗？所以，理想和信念，不是在口头上，也不在聚光灯下，而是在日常行动中。它在漫长的时光对生命的消蚀中闪光。

《店务通讯》曾这样介绍昆明分店的毕子桂：「进店已七年，前在上海时，主持门市工作，现任滇店经理。工作积极努力，为人坦白、热诚，热心同人教育工作，是一个少年老成的精练干部。」【七九】不幸的是他于1940年2月6日病故，年仅二十五岁，书店对他曾有这样的评价：「毕同事系上海人，于廿三年一月进本店工作，为本店成立门市科创始人之一，廿七年一月调滇店负责门市，后升任经理。同年十月调任筑店经理。廿八年四月复调回滇店。毕同事为人忠诚，和蔼可亲，擅歌咏，忠于职守，不辞劳瘁。滇店人少事繁，毕同事兼任数职。虽终日栗六，而精神奋发，滇店业务富于蓬勃气象，毕同事功绩甚伟，实为不可多得之干才。」【八〇】韬奋在悼文中沉痛地写道：「他的年龄才二十五岁，已是学识经验俱富的极难得的专家，事业前程，正未可限量，对于国家民族正将有更伟大的贡献。他是本店最可敬爱、最有能力的贤智忠诚干部之一……」「子桂一生的美德，给予我们的印象异常深刻。他待人接物的和蔼诚恳，他认识的清楚，他对于技术的熟练，他对于职务的勤奋，他对于店的困难之彻底的了解，他对于文化事业意义之彻底的了解，在在都是我们的模范，在在都使我们留着无限的哀思。」【八一】

另外一位牺牲的生活书店员工年仅三十二岁，他的殉难真可谓「粉身碎骨」。1939年2月4日，敌机轰炸万县，「我和谢诊水君、何中五君赶紧关门，张惠之君下窗帘， 其永君奔上三层楼晒台收衣服，厨子出外买酱油未归。万店的排门特别高厚，且有廿六方之多，故关好门至少要费五分钟工夫。关好门在街上行人奔走呼号，秩序大乱之情形下，我们就请何中五锁门，赶紧一块儿跑。他却再三催着我们，要我们先逃，并镇静带急忙地说：『不忙，不忙，我还要到灶间去熄火。你们马上跑！快！』弹落点恰在书店，清理现场找不到何中五的尸首，「我们已有把握相信，何中五君必定遭难了，『血肉横飞』了。论据是：(1) 许多碎纸张和墙壁上沾着斑斑的血迹；(2) 他的店徽飞在对面万州旅馆前门；(3) 在底层与上层之间的石梯上，拾到一只染着血迹的他的鞋子。如此看来，何中五君一定『血肉横飞』了，他过于忠实地为店而惨绝人寰的死了！」【八二】

八十多年过去，往事并不如烟。如今，翻阅这笔迹各异的生活书店会议记录，我看到的不是文字，不是墨色，也不是发黄的纸张，而是一个个前赴后继的身影，是一批批风尘仆仆的人，是一段艰苦而又难以忘怀的岁月。风雨模糊了前辈们的脚迹，而他们的声音还在：「我们自信我们事业有着光明的前途，我们没有什么不可告人的秘密，我们都是以光明磊落的态度共同努力于国家民族的文化事业，国家民族有光明的前途，我们这群艰苦奋斗的文化工作者——为国家民族的福利而艰苦奋斗的文化工作者——也必然有光明的前途。我们不怕磨难，只怕自己没有勇气，没有毅力！」【八三】多么自信，多么坚定，又是多么雄心勃勃。我相信，他们的精神也必将永存！

周立民

2021年7月19日完成于酷暑中的上海

注 释

【一】韬奋：《艰苦困难中奋斗》，原刊1939年5月27日《店务通讯》第49号，现收《店务通讯》排印本中册第560页，学林出版社2007年8月版。

【二】韬奋：《我们的工作原则》，原刊1939年1月10日《店务通讯》第34号，现收《店务通讯》排印本上册第323页。

【三】「逆流中的一个文化堡垒」，是韬奋《患难余生记》中一节的题目，现收《韬奋全集》（增补本）第10卷第318页，上海人民出版社2015年9月版。

【四】韬奋：《事业管理与职业修养·弁言》，《韬奋文集》第3卷第410页，生活·读书·新知三联书店1955年11月版。

【五】韬奋：《事业管理与职业修养·弁言》，《韬奋文集》第3卷第411页。

【六】《第六届理事会第二次常会记录》（1940年8月5日），见本书第36—37页。

【七】《理、人、监第一次联席会会议记录》（1940年8月5日）主席邹韬奋报告，见本书第71—72页。

【八】韬奋：《发现困难与克服困难》，原刊1940年1月13日出版《店务通讯》第81号，现收《店务通讯》排印本中册第1082页。

【九】参见叶再生：《中国近代现代出版通史》第3卷第425—429页，华文出版社2002年1月版。

【一〇】伯昕：《粤汉退出后我店业务上的新布置》，原刊1938年11月19日出版《店务通讯》第31号，现收《店务通讯》排印本上册第268页。

【一一】伯昕：《粤汉退出后我店业务上的新布置》，原刊1938年11月19日出版《店务通讯》第31号，现收《店务通讯》排印本上册第271页。

【一二】《第六届理事会第一次常会会议记录》（1940年5月29日），见本书5—6页。

【一三】《第六届理事会第一次常会会议记录》（1940年5月29日），见本书8—9、9、9页。

【一四】伯昕：《今后业务的动向》，原刊1940年8月15日出版《店务通讯》第99号，现收《店务通讯》排印本下册第1435—1436页。

【一五】伯昕：《今后业务的动向》，原刊1940年8月15日出版《店务通讯》第99号，现收《店务通讯》排印本下册第1436页。

【一六】《第六届理事会第二次常会记录》（1940年8月5日），见本书第16—17、17—18页。

【一七】《第六届理事会第二次常会记录》（1940年8月5日），见本书第20—22页。

【一八】《第六届理事会第二次常会记录》（1940年8月5日），见本书第22—23、27页。

【一九】韬奋：《中坚干部的重要》，原刊1940年9月30日《店务通讯》第101号，现收《店务通讯》排印本下册第1494页。

【二〇】毕子桂：《昆明分店的店务报告》，原刊1939年5月27日《店务通讯》第49号，现收《店务通讯》排印本中册第569页。

【一一】《第六届人事委员会第二次常会记录》（1940年8月4日），见本书第55—56页。

【一二】《理、人、监联席会议常务委员会第三次常会记录》（1940年11月5日至7日），见本书第180—181页。

【一三】《第六届人事委员会第一次常会记录》（1940年6月5日），见本书第45—46页。

【一四】《第六届人事委员会第一次常会记录》（1940年6月5日），见本书第46—47页。

【一五】编者：《关于孙、陈、赵三同事的来鸿去雁》按语，原刊1940年6月30日出版《店务通讯》第96号，《店务通讯》排印本下册第1381—1382页。

【一六】《关于孙、陈、赵三同事的来鸿去雁》，原刊1940年6月30日出版《店务通讯》第96号，现收《店务通讯》排印本下册第1382—1383页。

【一七】《关于孙、陈、赵三同事的来鸿去雁》，原刊1940年6月30日出版《店务通讯》第96号，现收《店务通讯》排印本下册第1383—1384页。

【一八】韬奋：《再谈几位老同事的辞职问题》，原刊1940年7月15日出版《店务通讯》第97号，现收《店务通讯》排印本下册第1390—1392页。

【一九】韬奋：《几位老同事辞职引起的波动》，原刊1940年6月30日出版《店务通讯》第96号，现收《店务通讯》排印本下册第1365页。

【二〇】《理、人、监第二次联席会会议记录》（1940年12月27日），见本书第96—97页。

【二一】《理、人、监联席会议常务委员会第四次常会记录》（1941年1月11日），见本书第220—221页。

【二二】诗人臧克家回忆，1934年他在山东临清中学教书，班上图书柜有生活书店的书刊，「有个地主家庭的王姓青年，思想进步，他个人出钱订购了许多份『生活』出版的《新生》等刊物，自己推着小车，到处兜售，……我也凑上几元，好多订几份杂志。谁知特务告密，逮捕了我们两个学生，王家被抄家，抄出几十年前的几条红缨枪，说他『要暴动！』」害得臧克家怕受牵连，带着钱准备随时逃走。（臧克家：《战斗的集体》，《生活·读书·新知革命出版工作五十年纪念集》第160页）

【二三】1938年6月，在国民参政会第一次大会上，邹韬奋等人便有「具体规定检查书报标准并统一执行案」。在当年11月4日的国民参政会第二次大会的讨论中，他又提出「请撤销图书什（杂）志原稿审查办法，以充分反映舆论及保障出版自由案」。这些提案虽都获通过，然而在实际上并未实行，故未能改变图书审查的现状。

【二四】《生活书店史稿》编辑委员会编：《生活书店史稿》第200页。

【二五】参见叶再生：《中国近代现代出版通史》第三卷第431—435页。

【二六】《武汉检查出版品的第一声》，原刊1938年8月13日出版《店务通讯》第21号，现收《店务通讯》排印本上册第114页。

【三七】《分店一周》，原刊1938年10月1日出版《店务通讯》第28号，现收《店务通讯》排印本上册第210页。

【三八】《查禁书一览》，原刊1939年1月24日出版《店务通讯》第35号，现收《店务通讯》排印本上册第350页。

【三九】韬奋：《抗战以来·六二 「生活」是怎样被摧残的？》，《韬奋全集》（增补本）第10卷第323—325页。

【四〇】《西安事件近讯》，原刊1939年4月29日出版《店务通讯》第46号，现收《店务通讯》排印本上册第522页。

【四一】详见韬奋：《抗战以来·六三 有什么藉口？》，《韬奋全集》（增补本）第10卷第328—330页。

【四二】韬奋：《本店被误会的几点说明》，原刊1939年7月15日出版《店务通讯》第56号，现收《店务通讯》排印本中册第670—671页。

【四三】《总管理处通告》第十九号（1939年6月3日）、二十四号（1939年6月24日）分别见本书第309、312页。

【四四】韬奋：《在渡过难关中的几个要点——奉告关切本店前途的全体同人》，原刊1939年7月8日出版《店务通讯》第55号，现收《店务通讯》排印本中册第655页。

【四五】锡荣：《检点售卖书籍的重要》，原刊1940年2月24日出版《店务通讯》第87号，现收《店务通讯》排印本下册第1209页。

【四六】韬奋：《抗战以来·七二 文化封锁》，《韬奋全集》（增补本）第10卷第355—357页。

【四七】《生活书店史稿》编辑委员会编：《生活书店史稿》第200—202页。

【四八】四川省图书杂志审查委员会在1941年3月5日批复，见本书第345页。

【四九】附抄四川省图书杂志审查委员会原函一件，1941年2月25日，见本书第338—339页。

【五〇】韬奋：《我们能接受和不能接受的办法》，原刊1939年7月22日《店务通讯》第57号，现收《店务通讯》排印本中册第685页。

【五一】韬奋：《患难余生记·第三章 进步文化的遭难》，《韬奋全集》（增补本）第10卷第886页。

【五二】锡荣：《十一个分店的被难及交涉经过（续）》，原刊1939年10月28日出版《店务通讯》第71号，现收《店务通讯》排印本中册第913页。

【五三】公文：《坚定我们的立场——开除杨罕人所给予我们的教训》，原刊1939年7月8日出版《店务通讯》第55号，现收《店务通讯》排印本中册第661页。

【五四】公文：《坚定我们的立场——开除杨罕人所给予我们的教训》，原刊1939年7月8日出版《店务通讯》第55号，现收《店务通讯》排印本中册第661页。

【五五】《分店与办事处的开展》，原刊1938年1月29日《店务通讯》第2号，现收《店务通讯》排印本上册第13页。

【五六】《分店与办事处的开展》，原刊1938年1月29日《店务通讯》第2号，现收《店务通讯》排印本上册第13页。

【五七】《分店一周》，原刊1938年10月1日出版《店务通讯》第28号，现收《店务通讯》排印本上册第210—211页。

【五八】《第六届理事会第二次常会记录》（1940年8月5日），见本书第13—14页。

【五九】韬奋：《对十万封慰劳信的再接再厉——发挥我们的「生活精神」！》，原刊1939年7月1日《店务通讯》第54号，现收《店务通讯》排印本中册第639页。

【六〇】韬奋：《患难余生记·第三章　进步文化的遭难》，《韬奋全集》（增补本）第10卷第893页。

【六一】韬奋：《患难余生记·第三章　进步文化的遭难》，《韬奋全集》（增补本）第10卷第893页。

【六二】韬奋：《本店史话（六）·生活与服务》，原刊1939年12月9日《店务通讯》第77号，现收《店务通讯》排印本中册第1010页。

【六三】韬奋：《本店的机构调整》，原刊1939年1月24日《店务通讯》第35号，现收《店务通讯》排印本上册第335—336页。

【六四】韬奋：《我们对外应有的态度》，原刊1939年8月26日《店务通讯》第62号，现收《店务通讯》排印本中册第762、763页。

【六五】韬奋：《本社事业怎样能上轨道》，原刊1939年2月4日《店务通讯》第36号，现收《店务通讯》排印本上册第354页。

【六六】韬奋：《迅速扩展后的积极整顿——向同人提出的一个具体建议》，原刊1938年8月13日《店务通讯》第21号，现收《店务通讯》排印本上册第108页。

【六七】《总管理处通告第二十二号》（1939年6月14日），本书第311页。

【六八】韬奋：《节约和我们的事业》，原刊1939年11月18日《店务通讯》第74号，现收《店务通讯》排印本中册第954页。

【六九】《第六届人事委员会第二次常会记录》（1940年8月4日），见本书第58—60页。

【七〇】《理、人、监联席会议常务委员会第三次常会记录》（1940年11月5日至7日），见本书第192—193页。

【七一】《理、人、监联席会议常务委员会第三次常会记录》（1940年11月5日至7日），见本书第195—197页。

【七二】《理、人、监第二次联席会会议记录》（1940年12月27日），见本书第89—90页。

【七三】韬奋：《关于调整同人待遇的几点说明》，原刊1940年2月3日《店务通讯》第84号，现收《店务通讯》排印本下册第1159、1161页。

【七四】总务部：《对于几种津贴办法的简略说明》，原刊1940年1月27日《店务通讯》第83号，现收《店务通讯》排印本下册第1158页。

【七五】《理、人、监联席会议常务委员会第三次常会记录》（1940年11月5日至7日），见本书第213页。

【七六】《第六届人事委员会第一次常会记录》（1940年6月5日），见本书第43页。

【七七】参见徐伯昕：《在艰苦战斗中建立的团结》，《生活·读书·新知革命出版工作五十年纪念集》第104—107页，中国出版工作者协会1984

年6月编辑出版。

【七八】徐伯昕：《在艰苦战斗中建立的团结》，《生活·读书·新知革命出版工作五十年纪念集》第108页。

【七九】《第六届候选人之介绍》，原刊1940年1月20日《店务通讯》第82号附册，现收《店务通讯》排印本下册第1140页。

【八〇】韬奋：《哀启》，原刊1940年2月17日《店务通讯》第86号，现收《店务通讯》排印本下册第1204页。

【八一】韬奋：《痛悼子桂同事》，原刊1940年2月17日《店务通讯》第86号，现收《店务通讯》排印本下册第1192页。

【八二】周积涵：《万县支店炸毁了》，原刊1939年2月《店务通讯》第37号，现收《店务通讯》排印本上册第376—377页。

【八三】韬奋：《在渡过难关中的几个要点——奉告关切本店前途的全体同人》，原刊1939年7月8日《店务通讯》第55号，现收《店务通讯》排印本中册第656页。